ALBERT SOUBIES ET ERNEST CARETTE

LES RÉGIMES POLITIQUES

AU XXᵉ SIÈCLE

LA RÉPUBLIQUE DÉMOCRATIQUE

PARIS

ERNEST FLAMMARION, EDITEUR

RUE RACINE, 26 (PRÈS L'ODÉON)

1907

LES
RÉGIMES POLITIQUES
AU XXᴇ SIÈCLE

LA
RÉPUBLIQUE DÉMOCRATIQUE

DES MÊMES AUTEURS

Les Régimes politiques au XX⁰ siècle

Les Républiques parlementaires

EN PRÉPARATION

Les Monarchies Parlementaires

56541. — Imprimerie Lahure, rue de Fleurus, 9, à Paris.

ALBERT SOUBIES ET ERNEST CARETTE

LES
RÉGIMES POLITIQUES
AU XXᵉ SIÈCLE

LA
RÉPUBLIQUE DÉMOCRATIQUE

PARIS

ERNEST FLAMMARION, ÉDITEUR

RUE RACINE, 26 (PRÈS L'ODÉON)

1907

AVANT-PROPOS

Si l'existence de deux formes de gouvernement, la
République et la Monarchie, a été de tout temps re-
connue, les publicistes modernes distinguent dans la
République trois régimes différents :

Le régime républicain représentatif où le peuple
exerce le pouvoir par délégués, mais où Gouvernement et Assemblées sont respectivement indépen-
dants : tel est le régime dont la constitution des États-
Unis nous offre le modèle.

Le régime républicain parlementaire où le peuple
exerce le pouvoir par délégués, mais où Gouvernement et Assemblées sont solidarisés par un Cabinet
que nomme le chef du Pouvoir exécutif et qui est
responsable devant les Chambres : tel est le régime
actuel de la France.

Le régime républicain démocratique où le peuple
exerce par lui-même, et non par délégués, une part
des fonctions du Gouvernement ou des Assemblées :
tel est le régime de la Confédération suisse.

Nous avons, dans un précédent ouvrage, étudié le
régime républicain parlementaire ; nous voudrions aujourd'hui étudier le régime républicain démocratique
dans le seul exemplaire qui en existe et que nous offre
la Suisse.

S'il est assez délicat de tracer la ligne de démarcation entre le régime parlementaire et le régime représentatif, il semble plus facile de caractériser le régime démocratique. La séparation est cependant moins nette qu'elle ne le paraît au premier abord.

Sans doute, entre la République suisse, où le peuple peut statuer sur les lois, au moyen du referendum, et la République française, où il n'a aucune participation au pouvoir législatif, le contraste est absolu; mais cette opposition s'atténue singulièrement si l'on parcourt la gamme des constitutions. Au Chili, par exemple, le Président est élu par le peuple; il en est de même aux États-Unis. Cependant le Chili est incontestablement une République parlementaire, et les États-Unis sont une République représentative. C'est que l'élection du chef de l'État par le peuple ne suffit pas à imprimer à l'ensemble du régime le caractère démocratique. Ce caractère ne saurait résulter que de l'intervention directe du peuple dans des domaines considérés comme réservés à ses représentants, dans l'exercice du pouvoir législatif ou du pouvoir exécutif.

Or, un seul État, la Confédération suisse, a jusqu'ici admis cette intervention directe.

On serait peut-être tenté de rechercher d'autres spécimens du régime démocratique dans les constitutions de ces Républiques en miniature qui se perpétuent au fond de quelques vallées des Pyrénées ou des Apennins, dans la République d'Andorre et dans la République de San Marin; mais une semblable recherche serait vaine; ni l'une ni l'autre de ces doyennes des républiques européennes ne présente

un caractère démocratique. La République d'Andorre
est une République représentative. Le Conseil général
qui gouverne la vallée est composé des consuls des
paroisses et de deux délégués par paroisses. Quant à
l'illustrissime « *repubblichetta* » de San Marin, elle
était demeurée, jusqu'à ces derniers temps, le seul
exemplaire qui subsistât d'une constitution aristocratique. Le pouvoir y était, comme jadis à Venise, aux
mains d'une oligarchie, le « Conseil prince », composé
pour un tiers de nobles, pour un tiers de bourgeois,
pour un tiers de paysans propriétaires. Le titre de
conseiller était héréditaire dans les soixante familles qui
en étaient investies. Quand une d'elles venait à s'étein-
dre, les cinquante-neuf autres se réunissaient pour
choisir la famille nouvelle qui devait combler le vide.
C'était, on le voit, une pairie héréditaire plus large
que celle d'Angleterre, puisqu'elle avait des bourgeois
et des paysans à côté des nobles, plus autonome
encore, puisque c'était par cooptation qu'elle se com-
plétait. Ce raccourci de République vient de modifier
sa constitution et désormais le Conseil prince n'est
plus qu'une Assemblée représentative dont les membres sont nommés par le suffrage de tous les chefs de
famille et sont renouvelés par tiers tous les trois ans.

Une autre raison mettrait pour ainsi dire hors de
concours Andorre et San Marin. Dans l'étude des
formes politiques à laquelle nous nous livrons, nous
nous bornons aux États souverains. Or Andorre et San
Marin n'ont pas même cette souveraineté « fictive »
que leur accorde un publiciste suisse. Ce sont des
États dépendants. Andorre est placée sous la suzerai-

neté de l'évêque de la Seu et du Président de la République française, héritier des anciens comtes de Foix, et leur paie un tribut. San Marin est placée sous la protection spéciale de la maison de Savoie et reçoit une subvention de l'Italie.

Ni Andorre ni San Marin ne présentent donc une organisation démocratique, au sens du moins que l'on donne aujourd'hui à ce mot : car cette expression ne couvre plus ce qu'elle couvrait, non seulement aux temps antiques où le *demos* n'était que l'ensemble des citoyens de race, étroite oligarchie de caste, mais même à une époque plus récente. En effet, suivant la juste remarque de M. Numa Droz, le mot démocratie a changé de signification au cours du XIXᵉ siècle. En 1848 il désignait simplement un régime représentatif où le droit de suffrage reposait sur des bases assez étendues. Ce n'est que dans le dernier quart du XIXᵉ siècle qu'il a pris le sens où on l'emploie communément aujourd'hui, de régime comportant une action directe du peuple.

Cette application nouvelle d'une expression consacrée n'est pas sans inconvénient : le mot démocratie opposé à celui d'aristocratie, dans le sens classique des termes, signifie l'influence de la masse ou d'une grande partie des citoyens dans les affaires publiques : en ce sens une République parlementaire ou représentative pourra être aristocratique ou démocratique, selon qu'elle restreindra le droit électoral aux grands et aux riches, ou qu'elle l'étendra aux classes populaires. Inversement, on comprendrait qu'une République pût être à la fois aristocratique et démocratique, si, comme autrefois Venise, réservant les droits politiques aux grands et aux nobles, elle donnait à ceux qui en étaient investis une influence directe sur la législation.

Le mot démocratique est donc mal choisi, et si l'on en était à créer une nomenclature politique, on devrait lui préférer le mot « ochlocratie », pouvoir de la foule, qui exprime bien l'influence exercée collectivement et directement par le peuple, son intervention « par tourbe », pour employer une vieille expression juridique relative aux enquêtes populaires qui précédaient la rédaction des coutumes.

Malheureusement, le mot ochlocratie se prend en général dans une acception défavorable qui semblerait jeter un blâme sur le régime auquel on l'appliquerait. D'autre part, les Suisses, — à qui il appartient plus qu'à tous autres de donner un nom à un régime qui est le leur, et dont ils ont même jusqu'ici le monopole, — emploient pour le désigner le mot de démocratie. C'est donc ce mot consacré que nous emploierons aussi.

La Suisse est le seul pays qui présente un spécimen de ce régime; mais ce n'est pas le seul trait original que nous offre la constitution de la Confédération, et, quand bien même elle n'aurait pas admis l'intervention directe du peuple dans la législation, la République suisse serait difficilement rentrée dans le cadre des Républiques représentatives ou parlementaires. Comment appeler, en effet, représentative une République où les pouvoirs sont si peu séparés que le Gouvernement n'est que la Commission exécutive

des Assemblées, et comment la qualifier de parlementaire alors que le Président de la Confédération
n'est que le chef, directement élu par les Chambres,
d'un Cabinet également issu de leurs suffrages?

La constitution suisse présente donc des traits particuliers. Ces traits, elle les doit à l'histoire même du
pays. On a dit que la Suisse était une démocratie historique. Le mot est juste, car la Suisse n'a jamais
connu d'autre régime que le régime républicain. Ce
serait cependant une illusion de penser que la constitution actuelle n'est que le résultat d'un développement méthodique et paisible.

Si certaines institutions de la Suisse contemporaine sont le fruit de la lente incubation dans les
cantons des principes démocratiques, la constitution
fédérale a des origines plus récentes et plus tumul-
tueuses. Un publiciste suisse, Hilty, rattache les
formes politiques de notre temps à la constitution
helvétique de 1798. Un jurisconsulte français, M. Co-
lombel, voit dans le referendum et l'initiative populaire des emprunts à notre constitution de 1793.

Quoi qu'il en soit, la France, par son intervention
armée, fit tomber en poussière la marqueterie ver-
moulue de cantons souverains et de cantons sujets que
présentait encore, à la fin du xviiie siècle, comme les
Républiques antiques et les Démocraties du Moyen
Age, la juxtaposition de pays libres et de pays
asservis. La constitution de Brune (1798), qui émiet-
tait la Suisse en trois Républiques, la Rhodiane, la
Telliane et l'Helvétique, ne dura que sept jours. La
constitution préparée par Ochs sur le modèle de la

constitution de l'an III fut bientôt modifiée par un Coup d'État. La constitution dite de la Malmaison, du nom de la résidence favorite du Premier Consul où la délibérèrent les délégués suisses, ne dura que trois mois. La constitution qui lui succéda fut — la première en Suisse — soumise à la ratification populaire : elle aurait dû être considérée comme rejetée, puisque 92 000 suffrages s'étaient prononcés contre elle, et 72 000 seulement en sa faveur ; par une application audacieuse du proverbe « qui ne dit mot consent », on la déclara adoptée ; on ne craignit pas, en effet, de joindre au chiffre des acceptants les voix des 167 000 citoyens qui s'étaient abstenus. Mais ce stratagème ne réussit pas à donner une vitalité suffisante à une constitution mort-née, et c'est seulement l'Acte de médiation de 1803 qui vint clore l'ère des troubles politiques. L'Acte de médiation se survécut pour ainsi dire à lui-même dans le Pacte de 1815 qui n'en est qu'une édition légèrement modifiée. La constitution de 1848 dura un quart de siècle. Celle de 1874 est encore en vigueur ; elle a subi toutefois d'importantes modifications, et des retouches y sont si fréquemment apportées, qu'elle est, pour ainsi dire, toujours sur le métier. Ces constitutions ont pour la plupart, malgré le caractère éphémère de quelques-unes d'entre elles, contribué, dans une certaine mesure, à l'élaboration du régime, et laissé quelque vestige dans l'organisation contemporaine. Ainsi la constitution actuelle doit à la constitution Brune l'égalité des cantons ; à la constitution Ochs, un Gouvernement collectif procédant de deux Chambres ; au

Coup d'État qui modifia la constitution Ochs, une représentation commune du peuple suisse, le Corps législatif, dont le Conseil national est aujourd'hui l'héritier; à la constitution qui remplaça celle de la Malmaison, la ratification des constitutions par le vote populaire; à l'Acte de médiation, la diète qui s'est perpétuée dans le Conseil des États; à la constitution de 1848, les organes actuels de la vie fédérale ainsi que la double ratification des citoyens et des cantons en matière constitutionnelle; à la constitution de 1874, le referendum; enfin, à la revision partielle du 5 juillet 1891, l'initiative constitutionnelle du peuple. Par cette évolution progressive du régime, on voit que l'on peut appliquer au développement graduel de la Confédération, qui seule doit nous occuper, ce qu'on a dit à propos de la variété constitutionnelle des cantons, et que, malgré l'étendue restreinte de son territoire, la Suisse est un vaste champ d'expériences politiques.

LA
RÉPUBLIQUE DÉMOCRATIQUE

CHAPITRE I

LE GOUVERNEMENT

I

LE CHEF DE L'ÉTAT.

En Suisse, le chef de l'État est le Président de la Confédération. Dénomination.

C'est le premier magistrat de la République. Mais à la différence du Président de la République française qui est en dehors et au-dessus du Cabinet, le Président de la Confédération n'est que le président du Conseil fédéral dont il fait partie intégrante. Il n'a sur ses collègues qu'une passagère préséance : il n'est qu'un *primus inter pares*. Bref il joue le rôle d'une sorte de maire, sans pouvoir propre, entouré de ses adjoints : ce sont le syndic et les échevins du vaste municipe qu'on appelle la Suisse.

Le Président de la Confédération ne peut être choisi que parmi les membres du Conseil fédéral. Éligibilité.

Les temps ne sont plus où les bourgmestres ou avoyers des cantons directeurs, Fribourg, Berne, Soleure, Bâle, Zurich et Lucerne sous l'Acte de médiation, Zurich, Berne et Lucerne sous le Pacte de 1815, étaient de droit chargés à tour de rôle du Pouvoir exécutif commun et aujourd'hui aucun canton n'est légalement investi du privilège de fournir le chef de la Confédération. Cependant, si l'on fait un recensement des cinquante-neuf titulaires qui ont successivement occupé la Présidence instituée par la constitution de 1848, on trouve qu'ils sont issus de treize cantons seulement sur vingt-deux. Zurich a fourni treize Présidents; Berne, où siègent le Gouvernement et les Chambres fédérales, dix; Vaud, neuf; Argovie, huit; Lucerne, dont Rossi voulait en 1855 faire le canton central de la Confédération, quatre; Soleure. Neuchâtel, Thurgovie, trois; Bâle, divisé en deux demi-cantons, deux; Saint-Gall, Glaris, les Grisons et Genève, un, Saint-Gall, dès 1855, Genève, en 1896 seulement. Neuf cantons, ou plus exactement sept cantons et quatre demi-cantons, n'ont eu aucun de leurs ressortissants Président de la Confédération : ce sont des cantons primitifs, Uri, que M. de Golbéry appelait « la conscience de la Suisse » et Schwitz; des cantons sinon primitifs, du moins traditionnels, Zoug et Schaffhouse; le troisième des cantons en étendue, le Valais, le pays italien, le Tessin, le grand canton catholique français, Fribourg; enfin les cantons morcelés d'Unterwald et d'Appenzell.

Il existe entre les principaux membres du Conseil une sorte de roulement, de rotation, pour employer l'expression suisse, qui les amène successivement à la Vice-Présidence du Conseil, puis à la Présidence de la Confédération, car le Vice-Président, comme dans quelques-unes de nos académies, est le Président désigné de l'année suivante.

Le Président peut être pris dans tous les partis. Il appartient parfois à la minorité ; on a vu, par exemple, une Assemblée fédérale, en très grande partie radicale, élire Président de la Confédération, pour 1895, par 128 voix sur 172, un membre de la droite, M. Zemp. « C'est la première fois depuis 1848, écrivait à cette occasion le chroniqueur politique de la *Bibliothèque universelle et Revue suisse*, qu'un catholique conservateur est appelé à ces hautes fonctions. »

Le Président de la Confédération est élu par l'Assemblée fédérale, c'est-à-dire, par les deux Conseils réunis en Assemblée plénière. L'élection a lieu au début de la première partie de la session ordinaire, soit au commencement du mois de décembre.

Le bureau électoral est composé du président et des quatre scrutateurs du Conseil national assistés des deux scrutateurs du Conseil des États.

L'élection a lieu au scrutin secret et à la majorité absolue.

Aux deux premiers tours les votes peuvent se porter sur tout candidat : aux tours suivants, on élimine successivement les moins favorisés jusqu'à ce qu'il n'y ait plus que deux rivaux en présence. En cas de partage, le sort décide.

Le Président de la Confédération entre en fonctions

le premier janvier et ses pouvoirs expirent le 31 décembre. Comme en France, le Président est désigné normalement un mois avant l'expiration des pouvoirs de son prédécesseur.

Traitement.   Le Président de la Confédération reçoit, comme les membres du Conseil fédéral, un traitement du Trésor fédéral. Ce traitement qui a été longtemps de 13 500 francs, supérieur de 1500 francs seulement à celui de ses collègues du Conseil fédéral, est aujourd'hui de 17 000 francs, c'est-à-dire encore inférieur à celui d'un préfet de troisième classe en France. « Il n'a, dit M. Sentupéry, en parlant du Président de la Confédération, aucun frais de représentation et aucun palais national. Il conserve son appartement personnel, n'a pas d'équipage, ne fait aucune espèce de représentation et ne modifie en rien son genre de vie, lorsqu'il est appelé à la plus haute charge de l'État ; c'est le plus souvent un homme de fortune modeste qui ne reçoit pas. Cette magistrature, d'essence ultra-démocratique, n'en est pas moins entourée d'une très haute considération ; une attaque blessante ne s'est jamais produite contre un Président de la Confédération : tous sont entourés du respect général. »

Fonctions.   Le Président de la Confédération, n'a, nous l'avons dit, en dépit de son titre, aucun pouvoir propre. Le pouvoir appartient globalement au Conseil fédéral.

La Constitution n'attribue au Président de la Confédération qu'une fonction propre, la présidence du Conseil fédéral.

Aux termes de l'arrêté fédéral du 28 juin 1895, « le

Président de la Confédération est chargé de la direction des affaires du Conseil fédéral et de l'examen
préalable des affaires soumises par les départements
au Conseil fédéral. Il surveille le fonctionnement de
toute l'administration fédérale et pourvoit à ce que
les départements liquident sans retard les affaires qui
leur sont envoyées ». Il dirige les délibérations du
Conseil. « Il décide, quand les voix sont également
partagées. Dans les élections, il vote comme les autres
membres du Conseil fédéral. »

Outre la présidence du Conseil fédéral, le Président a encore la direction d'un département. Il était
de tradition, depuis 1848, que le membre du Conseil fédéral appelé à la Présidence, prît la direction
des Affaires étrangères, le département « Politique » ;
on renonça à cette pratique en 1887 et le Président de
la Confédération conserva comme Président le porte-
feuille qu'il avait comme membre. On espérait par la
permanence du chef du département des Affaires
étrangères assurer la continuité des vues dans la
politique extérieure.

Il en résulta des difficultés. Dès 1889, le département des Affaires étrangères reprit le nom de
« département Politique » et l'article 22 de l'arrêté
fédéral du 28 juin 1895 décida que le Président de la
Confédération en serait chargé. M. Zemp, à sa première Présidence, en 1895, est le dernier Président
qui n'ait pas dirigé le département Politique. Il était
à la tête du département des Postes et Chemins de
fer. Cependant le changement annuel de l'homme
d'État qui préside aux relations extérieures ne va pas

sans de graves inconvénients. Pour les atténuer, un publiciste bernois, M. Dürrenmatt, a récemment proposé l'institution d'un comité permanent, le comité politique, analogue aux bureaux qui assistent certains ministres britanniques, le ministre du Commerce, par exemple. Ce comité composé de quatre ou six membres choisis par l'Assemblée fédérale, même hors de son sein, assurerait la perpétuité de la tradition.

D'ailleurs, qu'il soit ou non chargé du département Politique, c'est le Président de la Confédération qui reçoit les ambassadeurs étrangers. Cette réception est fort simple. Quand Lanfrey, envoyé par M. Thiers comme ministre de France en Suisse, présenta ses lettres de créance, il revêtit un frac au lieu de l'habit brodé des diplomates, « circonstance insignifiante, dit son biographe, le comte d'Haussonville, circonstance insignifiante qui ne laissa pas de produire une impression plutôt favorable dans ce milieu tout démocratique ».

Prérogatives.   Le Président de la Confédération préside les cérémonies publiques. La constitution ne fait pas mention de cette prérogative que nul ne songe à lui contester. Cette omission s'explique tout naturellement; le texte de la constitution, en ce qui touche le Président, n'a pas été modifié en 1874 : il est resté tel qu'il était en 1848. Or, en 1848, il y avait très peu de cérémonies fédérales. C'est dans la seconde moitié du xixe siècle que les fêtes nationales se sont multipliées. La principale est le tir fédéral, où le Président prononce un discours qui rappelle, toute proportion gardée, le discours que le Premier britannique prononce au banquet du lord maire à Londres.

Enfin, si le Président de la Confédération, comme le dit un professeur à l'université de Californie, M. Bernard Moses, n'a pas d'autres pouvoirs légaux que ceux des membres du Conseil où, en théorie, chacun est responsable pour tous et tous sont responsables pour chacun, « il n'en est pas moins vrai, comme le fait observer d'autre part un publiciste anglais cité par lui, que dans les mains d'un homme de haute valeur, le poste prend plus d'importance qu'il n'en paraîtrait avoir, d'après la simple analyse des fonctions que la constitution appelle le Président à remplir ; on doit se souvenir en effet que non seulement il est investi d'un certain contrôle sur les divers départements de l'Exécutif, que non seulement il représente la Suisse aux yeux de l'étranger et, en cette qualité, a fréquemment à prendre des initiatives dans des matières de politique générale, mais que son influence personnelle se fait sentir dans l'Assemblée fédérale elle-même ». Le Président en effet, comme les autres conseillers fédéraux a entrée dans les deux sections de l'Assemblée fédérale et prend part aux discussions. Sa situation rappelle à cet égard celle de M. Thiers, du 17 février au 51 août 1871, alors que le délégué de l'Assemblée, comme il s'appelait lui-même, simple président du Conseil, chef du Pouvoir exécutif de la République française était, suivant la saillie d'un spirituel député, « un roi qui gouverne », et prenait fréquemment la parole à la Chambre comme un chef de Cabinet parlementaire

La responsabilité du Président est déterminée, Responsabilité. comme celle des membres du Conseil fédéral, par la loi du 9 décembre 1851 sur laquelle nous aurons à revenir à propos des attributions judiciaires des Chambres.

Durée des fonctions. Les fonctions du Président de la Confédération durent un an. C'était la durée des fonctions du Landamman de la Suisse, poste occupé par le chef du canton directeur ou *Vorort* sous le régime de l'Acte de médiation de 1803.

Réélection. Le Président n'est pas immédiatement rééligible. Il ne peut être nommé Vice-Président l'année qui suit sa présidence. En sortant de charge, il reste ou peut être réélu simple conseiller fédéral.

Le Président est rééligible après un intervalle d'un an en droit, de deux ans d'après la coutume, puisqu'il ne peut être immédiatement réélu Vice-Président, et que la tradition veut que le Président soit le Vice-Président de l'année précédente. Moyennant des intermittences, les Présidents sont indéfiniment rééligibles et l'Assemblée rappelle souvent le même homme d'État à la Présidence de la Confédération. Ainsi Schenk de Berne et Welti d'Argovie, furent six fois Présidents, (Schenk en 1865, 1871, 1874, 1878, 1885 et 1893, Welti en 1869, 1872, 1876, 1880, 1884 et 1891). Furrer, de Zurich, le fut quatre fois, en 1848-1849, 1852, 1855 et 1858. Stampfli, de Berne, Fornerod, de Vaud, Dubs, de Zurich, Deucher, de Thurgovie le furent trois fois (Stampfli en 1856, 1859 et 1862, Fornerod en 1857, 1863 et 1867, Dubs en 1864, 1868 et 1870, Deucher en 1886, 1897 et 1903), Frey Hérosée d'Argovie, Knusel de Lucerne, Hammer de Soleure, Droz de Neuchâtel, Ruchonnet de Vaud, Hauser de Zurich et Zemp de Lucerne le furent deux fois, (Frey Hérosée en 1854

et 1860, Knusel en 1861 et 1866, Hammer en 1879 et
1889, Droz en 1881 et 1887, Ruchonnet en 1883 et 1890,
Hauser en 1892 et 1900, Zemp en 1895 et 1902). Sur
les cinquante-neuf Présidents qui se sont succédé
depuis 1848, dix-sept seulement n'ont occupé qu'une
fois le poste de chef de l'État. On peut donc dire que,
comme aux États-Unis, la réélection, mais ici une
réélection espacée et répétée, est la règle.

D'ailleurs, si parfois un Président n'a pas été réélu
ou n'a pas été réélu un plus grand nombre de fois
c'est, ou qu'il a voulu rentrer dans la vie privée ou
qu'il a accepté un autre poste administratif ; car dans
ce pays démocratique, l'exercice de la première magistrature ne fait pas ultérieurement obstacle à celui
d'autres fonctions. M. Bavier fut ministre à Rome
après avoir été Président de la Confédération en 1882.
Lorsque M. Welti, après avoir été six fois Président,
quitta définitivement le Conseil fédéral, on lui offrit
la légation de Rome, et s'il n'accepta pas cette mission ce fut pour des raisons de convenances personnelles. M. Numa Droz après avoir été deux fois Président, M. Stampfli et M. Fornerod après l'avoir été
trois fois, devinrent directeurs, l'un du Bureau international des chemins de fer, les deux autres d'établis-
sements de banque. Parfois les anciens Présidents
reçoivent des missions temporaires : tel M. Welti,
chargé, après sa retraite, de négocier un traité de
commerce à Madrid. Parfois ils rentrent à l'Assemblée fédérale ; ainsi M. Hammer devint conseiller
national de Soleure, et M. Ceresole, Président en
1875, après avoir été directeur de la compagnie du

Simplon, rentra dans la vie publique vingt ans plus tard comme conseiller national de Vaud.

Le Président a un suppléant né le Vice-Président qui, de même que le Président, doit être membre du Conseil fédéral, et est élu en séance plénière, par l'Assemblée fédérale. Le Vice-Président ne reçoit que le traitement de Conseiller fédéral et la durée de ses fonctions est d'une année. Il peut être, à l'expiration de ses fonctions — et il est normalement — nommé Président de la Confédération, mais il ne peut être réélu Vice-Président. Nous avons vu que le Président ne pouvait en sortant de charge être appelé à la Vice-Présidence.

Le Vice-Président n'est pas Vice-Président de la Confédération, mais Vice-Président du Conseil fédéral. La différence est peu sensible, puisque la seule fonction du Président de la Confédération est la présidence du Conseil fédéral. On retrouve dans notre histoire constitutionnelle un personnage analogue au Vice-Président helvétique. A la suite du vote de la proposition Rivet qui donnait à M. Thiers le titre de Président de la République (31 août 1871), un décret du 2 septembre 1871 institua un Vice-Président du Conseil des ministres à qui était délégué le droit de convoquer le Conseil et de le présider en cas d'absence ou d'empêchement du Président de la République. Ce fut seulement le 9 mars 1876, après la mise en vigueur des lois constitutionnelles de 1875, que M. Dufaure échangea le titre de Vice-Président du Conseil, qui lui avait été conféré le 25 février 1876, à la retraite de M. Buffet, contre celui de Président.

Le Vice-Président préside, à défaut du Président, le Conseil fédéral : il est suppléé lui-même par le membre qui le suit immédiatement dans l'ordre de nomination.

En cas d'empêchement absolu, le Président est, comme les membres du Conseil fédéral, remplacé par l'Assemblée fédérale pour le reste de la durée de ses fonctions. Le Président pour 1870, M. Victor Ruffy, mourut après avoir été élu et avant d'entrer en charge : on procéda en hâte à une nouvelle élection : M. Dubs fut nommé pour le remplacer ; par dérogation à la coutume on laissa le Vice-Président qu'on venait d'élire, M. Schenk, à son poste et on appela à la Présidence un simple membre. En 1880, le Président élu, M. Anderwert, mourut également avant d'avoir pris la Présidence. M. Numa Droz fut, comme M. Dubs, appelé à ce poste sans avoir passé par le stage de la Vice-Présidence.

II

LE CABINET.

En général, les ministres ne sont que les agents et non les chefs du Pouvoir exécutif. Choisis par le chef de l'État, ils le représentent devant les Chambres sous le régime parlementaire ; ils en sont les organes dans les différentes branches de l'Administration sous le régime représentatif. En un mot, ils n'ont que des pouvoirs empruntés. En Suisse au contraire, le Président de la Confédération, n'a qu'une faible primauté d'honneur, et le comité des chefs de département, le Cabinet, à l'inverse de ce qui se produit d'ordinaire, est seul à posséder un pouvoir propre. Ce Cabinet est élu par les Chambres et non pas nommé par le Président uniquement chargé de diriger ses travaux qu'il partage. Bref, en Suisse, il y a collégialité du Pouvoir exécutif

La multiplicité des chefs du Pouvoir exécutif est réprouvée par presque tous les publicistes, mais la plus piquante peut-être des critiques du système plural se rencontre dans quelques lignes de Napoléon, écrites par lui à Sainte-Hélène, et que l'on a trouvées griffonnées de sa main, au crayon, sur un fragment de papier. Parlant des divers gouvernements, il dit :

« Le meilleur de tous est celui d'un seul, un Président comme en Amérique. Un Premier Consul,
comme dans la constitution de l'an 8, serait préférable. Un pouvoir héréditaire ou monarchique est
meilleur encore. Le pire de tous est celui de trois,
cinq, sept ou neuf personnes. Un être me semble
fait par la nature dans sa perfection morale : toute
unité artificielle composée par les hommes est un avor-
ton. Il faut que les hommes aient pour leur gouvernement du respect, de l'estime, de la crainte, de
l'amour, du dévouement, de l'illusion ; ne cherchez
ni amour, ni dévouement, ni illusion, dans un gouvernement de cinq personnes. »

La Suisse a un gouvernement de sept personnes,
et malgré la méfiance de Napoléon, le peuple de
l'Helvétie ne manque, pour ses multiples chefs, ni
d'amour, ni de dévouement. La forme collégiale était
d'ailleurs depuis longtemps en usage dans les cantons
dont « chacun, dit M. Esmein, avait traditionnellement
pour pouvoir exécutif un conseil élu appelé *Regie-
rungsrath* ou *Conseil d'État* ». « On était, dit Ruttimann,
tellement habitué à cette organisation qu'elle s'im-
posa d'elle-même en 1848, lorsque fut discutée la
constitution fédérale, et que l'on ne mit point en
question une autre organisation du Pouvoir exécutif. »

C'est particulièrement à la constitution de Zurich,
le premier des cantons directeurs, telle qu'elle était
fixée par le Pacte fédéral du 7 août 1815, que semble
avoir été emprunté le modèle du Conseil fédéral. Dans
ce canton, un Conseil d'État, composé des deux bourgmestres, « chefs d'État », présidant le grand et le

petit Conseil l'un titulaire, l'autre suppléant pendant un an à tour de rôle et de cinq membres du Petit Conseil élus par le Grand, siégeait sous la présidence du Bourgmestre en charge. Il dirigeait les affaires diplomatiques, présidait aux délibérations préliminaires et prenait les mesures urgentes que pouvait nécessiter la sûreté intérieure et extérieure de l'État.

Déjà d'ailleurs l'article 9 du Pacte de 1815 permettait « pour les objets de haute importance » d'adjoindre à « l'autorité spécialement chargée des affaires fédérales », c'est-à-dire au Pouvoir exécutif du canton directeur en charge, six représentants de la Confédération : ces représentants étaient nommés par les cantons répartis en six groupes. Chacun des cantons qui composaient ces groupes avait à tour de rôle le droit de désigner le représentant du groupe. La Diète donnait aux représentants les instructions nécessaires et déterminait la durée de leurs fonctions qui devaient toujours expirer à l'ouverture de la Diète suivante. La constitution de 1848 semble n'avoir fait que consolider, en la rendant permanente, cette organisation passagère.

Le Conseil fédéral, ainsi constitué, a peu d'analogue dans les institutions actuelles et ne présenterait d'affinités qu'avec les Sénats des trois dernières villes libres de l'Allemagne, Brême, Hambourg et Lubeck ou avec les Conseils de Gouvernement ou d'État des cantons suisses eux-mêmes. Il n'en a guère davantage dans les institutions anciennes. S'il rappelle un souvenir, c'est celui du Grand Conseil imposé au dauphin par les États généraux de 1356, après la destitution de ses principaux officiers, et dont les trente-six membres, pris, douze dans le clergé, douze dans la noblesse et douze dans le tiers état, étaient élus par les différents Ordres.

On pourrait, au premier abord, être tenté de considérer le Conseil fédéral comme un emprunt à notre constitution de l'an III. Le Conseil fédéral forme, en effet, une sorte de Directoire exécutif et réveille la mémoire de celui que la Convention expirante avait institué en 1795. Il en diffère cependant sur deux points essentiels. D'après la constitution de l'an III le président du Directoire était élu par ses collègues et pour un mois ; en Suisse, il est désigné par l'Assemblée fédérale et pour un an. D'après la constitution de l'an III, le Directoire n'était qu'un chef de l'État « polycéphale » et à côté de lui se trouvaient des ministres dirigeant sous son inspiration les différents services publics ; en Suisse, les membres du Conseil fédéral se partagent les départements administratifs, et sont à la fois directeurs et ministres.

C'est un peu plus haut dans notre histoire qu'il faudrait remonter si l'on voulait trouver une organisation semblable à celle de la Suisse. Du 10 août 1792 au 1er floréal an II (20 avril 1794), les ministres, qui, en l'absence d'un roi ou d'un président, formaient à eux seuls tout le pouvoir exécutif, furent élus par la Représentation nationale, la Législative, puis la Convention. Encore ce régime transitoire de la France différait-il du régime de la Suisse sur deux points importants : les ministres devaient être pris en dehors de l'Assemblée et ils étaient nommés sans terme préfix, tandis que les conseillers fédéraux peuvent être pris dans l'Assemblée fédérale, sauf à perdre leur siège de députés, et sont nommés pour une durée de trois années. La Convention, par un décret du 12 germinal an II (1er avril 1794), supprima, sur le rapport de Carnot, les ministères, comme « incompatibles avec le régime républicain » pour les remplacer par douze commissions. Cette organisation républicaine, qui prit fin dès le 5 octobre 1795, n'était, chose piquante, que la réplique d'une combinaison de l'époque la plus décriée de la monarchie. C'était en effet une réédition de la polysynodie que le Régent, imité l'année suivante en Russie par Pierre le Grand, avait, à la mort de Louis XIV, établie par déclaration du 15 septembre 1715, et qui n'avait eu, elle aussi, qu'une assez courte durée, puisque, trois ans plus tard, le 24 septembre 1718, elle cédait la place aux ministères reconstitués.

Rapports du Cabinet et des Chambres. Dans le régime parlementaire, le Cabinet est choisi par le chef de l'État dans la majorité du Parlement et il ne conserve le pouvoir que tant qu'il est investi de la confiance des Assemblées ou tout au moins tant qu'il est soutenu par la Chambre populaire. En Suisse, le Conseil fédéral est directement élu par l'Assemblée fédérale qui en désigne le Président et le Vice-Président. Il semble que la Suisse ait appliqué à son gouvernement collectif l'amendement Grévy repris de nos jours par M. Naquet. « Quant à la mission, écrivait un publiciste, au moment de l'adoption de la constitution de 1848, quant à la mission du Conseil fédéral élu par les deux Conseils, elle est, il faut l'avouer, fort restreinte et rentre dans le système de

ces Constituants qui eussent voulu une Assemblée
souveraine, un ministère élu par elle et pour la présider. » Il y a cependant deux différences et deux différences capitales entre l'amendement Grévy et la constitution suisse : d'après l'amendement Grévy, le président du Conseil des ministres était toujours révocable
par l'Assemblée et choisissait lui-même ses collègues ;
en Suisse, le Conseil fédéral est tout entier élu par l'Assemblée ; il l'est pour trois ans et ne peut être révoqué.

Prévost Paradol, dans *la France nouvelle,* avait proposé de faire élire le chef du Cabinet ; mais son
système était complètement différent du système
suisse, puisqu'il existait à côté du chef du Cabinet un
chef de l'État, que le chef du Cabinet était élu par la
Chambre populaire seule, et choisissait lui-
même ses collègues. Peu de jours après la mort du
brillant publiciste, son idée, légèrement retouchée,
sembla un instant près de se réaliser : à la veille de
Sedan, l'Empire affolé songea à constituer un Conseil
de Gouvernement dont les membres auraient été élus
par le Corps législatif ; le Quatre Septembre fit éva-
nouir cette combinaison à peine conçue.

Le Conseil fédéral est élu tous les trois ans, immédiatement après les élections des membres du Conseil
national. On voit ainsi comment s'obtient l'accord
nécessaire entre les deux grands pouvoirs publics, le
Gouvernement et les Assemblées. Le Gouvernement
est élu par l'Assemblée et pour la durée de son propre
mandat. Il est donc imbu et imprégné de son esprit,
bien plus, de son esprit originel, de l'esprit qui l'ani-
mait, pour ainsi parler, à l'état naissant.

2

Ce n'est pas à dire que le Conseil fédéral soit, par sa composition, une image réduite de l'Assemblée fédérale, ou représente exclusivement l'opinion de la majorité. Il ne faut y chercher ni représentation proportionnelle des groupes ni homogénéité politique. Le centre libéral y a occupé plus de sièges que ne lui en aurait donné son importance numérique et le Conseil compte en général dans son sein des représentants de divers partis. Aussi s'y produit-il parfois « des tiraillements qui, comme l'écrivait en janvier 1895 le chroniqueur politique de la *Bibliothèque universelle et Revue suisse*, nuisent à son influence sur les Chambres. Chaque membre trop plongé dans son département prétend qu'on l'y laisse agir à sa guise ». En 1872, on vit deux conseillers fédéraux, Dubs de Zurich et Challet-Venel de Genève, faire campagne contre le projet de revision présenté par le Conseil fédéral, adopté par l'Assemblée fédérale et contribuer à le faire rejeter par le peuple. Néanmoins, il est rare que dans le sein des Chambres, les conseillers fédéraux se combattent les uns les autres, quelle que soit la divergence de leurs vues : le système qui a rallié la majorité dans le sein du Conseil est considéré comme l'expression de l'opinion de tous ses membres. Les conseillers fédéraux ont, dit M. Deploige, une responsabilité collective devant les Chambres ; mais cette responsabilité n'a qu'une sanction éloignée, la non réélection en fin de charge.

Les membres du Conseil fédéral, aux termes de l'article 101 de la constitution, ont voix consultative dans les deux sections de l'Assemblée fédérale et le droit d'y faire des propositions sur les objets en délibération.

Freeman, le célèbre historien anglais, a comparé, dans un article de la *Fortnightly Review* de 1865, le gouvernement suisse et le gouvernement britannique. « Le Conseil fédéral suisse, dit-il, est pratiquement un comité des Chambres investi du pouvoir exécutif. En réalité, les Chambres suisses font expressément au commencement de chaque législature ce que notre Chambre des Communes fait tacitement, c'est-à-dire qu'ils décident si le ministère existant restera en fonctions. Il y a, à la vérité, une différence, c'est que le Conseil ou le conseiller fédéral une fois choisi, ne peut être renvoyé pendant trois ans hors le cas où il commettrait un crime. Cependant, les relations entre le Conseil fédéral et les deux Chambres se rapprochent plus du modèle britannique que de la position complètement indépendante du Président et du Congrès américain dont chacun a un droit égal de parler au nom du peuple et dont aucun n'a le pouvoir de révoquer ou de contrôler efficacement l'autre durant le terme légal de son existence. »

Un professeur à l'Université John Hopkins aux États-Unis, M. Vincent, a comparé le Conseil fédéral et le Cabinet américain : « Quoique les membres du Conseil fédéral, dit-il, aient des devoirs semblables à ceux du Cabinet dans le gouvernement des États-Unis, on remarquera que les bases théoriques sur lesquelles il repose et les causes qui mettent en jeu sa responsabilité sont bien différentes. En Amérique, comme c'est aussi le cas de tous les gouvernements monarchiques, le pouvoir exécutif est conféré à une personne dont les membres du Cabinet sont les agents et les subordonnés. Bien que le Cabinet puisse se réunir pour délibérer, l'action qui en résulte est l'œuvre de leur chef. Les différents secrétaires d'État des États-Unis ne sont responsables de leur conduite politique qu'envers le Président et c'est de lui que dépend leur maintien.

« Mais en Suisse, le Cabinet fédéral est une créature de la législature fédérale et chaque secrétaire a une commission particulière. La durée des fonctions ne dépend pas du Président, mais elle est fixée par la constitution à un nombre déterminé d'années. La réélection est possible, mais dépend toujours d'une nouvelle législature. Pratiquement, les Cabinets, en Amérique, ont un terme fixe de quatre années, mais en Suisse un loyal fonctionnaire a un droit légal à être maintenu pendant trois années dans sa charge dont il ne peut être privé que par une décision judiciaire. Ainsi ce n'est pas un ministère parlementaire qui s'élève et tombe avec les mesures qu'il patronne. Il est ordinairement élu par le parti en majorité, mais il ne se sent nullement obligé de démissionner quand un de ses projets avorte. La dignité des ministres n'est pas compromise : en effet, ils sont élus dans le but unique de donner leur avis sincère sur les projets de loi et si cet avis n'est pas conforme à celui des législateurs, ils préparent des projets de nature à être agréés. »

En un mot, pour employer l'expression d'un publiciste contemporain, le Conseil fédéral est un Cabinet d'affaires, mais un Cabinet d'affaires d'une nature particulière.

Comme l'a dit M. Dupriez que cite M. Louis Michon :
« Il tient à la fois de la mission d'un Cabinet et de
celle d'un Conseil d'État. L'influence qu'exercent les
conseillers fédéraux n'est pas précisément celle de
leaders politiques mieux placés que d'autres par leur
situation pour juger des intérêts de la nation et de leur
parti. Ce n'est pas non plus l'influence de fonctionnaires dont tout le monde reconnaît l'expérience, mais
qui n'ont aucune relation directe avec les Assemblées
législatives. Ce sont des fonctionnaires en ce sens
que, grâce à leurs réélections successives, ils dirigent
souvent depuis de longues années l'administration de
la Confédération et qu'ils y consacrent toute leur activité. Mais ce sont des fonctionnaires politiques sortis
des Chambres, qui ont conservé avec elles des rapports
suivis, qui ont continué à prendre part à toutes leurs
délibérations. Ils doivent leur influence à leur expérience des affaires, à leur compétence reconnue, et
aussi à leurs relations avec leurs anciens pairs. »

Théoriquement, ce Cabinet dont les membres jouissent d'une inamovibilité triennale pourrait montrer
quelque indépendance et l'on ne voit pas comment
l'Assemblée fédérale pourrait modifier la direction
qu'il prétendrait suivre.

« Dans le cas, dit le traducteur français de l'ouvrage d'Adams et Cunningham, dans le cas où le Conseil fédéral voudrait suivre une politique opposée à
celle de l'Assemblée fédérale ou antipathique au peuple
suisse, il n'y a aucun moyen pour l'empêcher d'agir
comme il lui convient avant l'expiration des trois ans
pour lesquels il est élu, puisqu'il n'est pas forcé de se

retirer devant un vote contraire de l'Assemblée. Il ne reste dans ce cas au peuple, en dernier ressort, que la force, l'*ultima ratio*. »

En fait, ce danger n'est pas à craindre car les conseillers sont animés du même esprit que l'Assemblée dont ils ont en général fait partie, et la bonne harmonie règne entre le Conseil et l'Assemblée. D'ailleurs, en Suisse, où le pouvoir législatif et le pouvoir exécutif n'ont pas de sphères délimitées d'action, les Chambres exercent une puissante influence sur la marche des affaires.

« La mission des députés, disent Adams et Cunningham, est toute de contrôle et de critique, et comme on ne peut guère attendre d'eux qu'ils connaissent à fond tous les détails de l'administration, toute tentative de leur part d'y apporter des réformes ne peut aboutir qu'à une confusion des pouvoirs. Et cependant aucune décision du Conseil fédéral ne peut, paraît-il, échapper au contrôle et à la revision des Chambres. »

« Aussi il n'y a pas, disent les mêmes auteurs, il n'y a pas et il ne peut pas y avoir de lutte entre le Conseil et l'Assemblée fédérale. Lorsqu'une mesure proposée par le premier est rejetée, soit par les deux Chambres, soit par une seule, et n'acquiert pas force de loi, le Conseil fédéral s'incline devant la décision de l'Assemblée fédérale. Il ne pose pas la question du Cabinet; par suite, il n'y a pas ici ce qu'on appellerait ailleurs une crise ministérielle, pas plus qu'il ne peut être question de dissoudre les Chambres lorsque le peuple a rejeté une des lois qu'elles ont votées. Le

autorités fédérales, législatives ou exécutives, ayant
été nommées pour une période déterminée, demeurent
à leur poste pendant toute la durée de cette période.

« En 1882, un projet de loi relatif à l'instruction
dont l'auteur avoué était un membre du Conseil
fédéral, fut voté par les deux Chambres avec quelques
légères modifications, mais fut rejeté au referendum
par le peuple. L'auteur ne songea nullement pour cela
à présenter sa démission comme beaucoup d'étrangers auraient pu le croire. Bien plus, un des journaux les plus influents de la Suisse, adversaire politique de l'auteur de la loi, fit remarquer qu'il était
heureux que le système parlementaire, tel qu'on le
comprend aillcurs, n'existât pas en Suisse, car il
aurait amené la démission immédiate d'un adminis-
trateur capable, honnête et dévoué. Les Chambres ne
crurent pas un instant que le rejet de la loi par le
peuple dût entraîner leur dissolution. »

Comme on le voit, ce qui semble préoccuper en
Suisse, ce n'est pas la responsabilité devant le Président comme aux États-Unis, devant le Parlement
comme en France, c'est la responsabilité devant le
peuple. Cette responsabilité, jusqu'ici morale et théorique, semble en train de devenir effective et pratique.
Neuf ans après l'échec au referendum de la loi sur
le secrétaire scolaire, l'échec de la loi sur le rachat du
Central suisse détermina, en 1891, la retraite de
M. Welti, qui, Président de la Confédération et chef
du département des Postes et Chemins de fer, l'avait
présentée et soutenue. Comme le fait remarquer
M. Deploige, il y a là un précédent d'une gravité sin-

gulière. « Le Conseil fédéral, dit-il, a toujours été considéré comme solidaire dans ses décisions et responsable seulement devant l'Assemblée fédérale. L'exemple de M. Welti, s'il se répétait, substituerait la responsabilité personnelle des chefs de département devant le peuple à la responsabilité collective du Conseil devant les Chambres. » La même évolution semble se produire dans les cantons. Dans le Tessin, en 1895, le Conseil d'État se retira à la suite de l'échec au referendum de la loi qu'il avait fait voter sur la rectification du Tessin.

D'ailleurs, le sentiment de son autorité souveraine dont le peuple est pénétré pourra amener, et dans un avenir prochain peut-être, une modification profonde. « Par la force des choses, écrit M. Hilty, l'extension continuelle des affaires fédérales nous ramènera à l'institution désignée sous la période helvétique du nom un peu trop pompeux de ministère. Il y a là cependant un danger. Devenant ministère, le Conseil fédéral ne sera plus qu'une autorité politique qui gouvernera mais n'administrera plus elle-même, et devra immanquablement être nommée par le peuple. C'est là, d'ailleurs, où voudrait en arriver le groupe dit « de politique sociale », extrême gauche de l'Assemblée fédérale, et l'on peut prévoir que cette question sera bientôt l'une des plus importantes pour notre État. Voici ce qu'il en résultera, nous croyons inutile de le démontrer : on tiendra probablement davantage compte du parti auquel appartiendront chacun des membres du Conseil fédéral qu'aujourd'hui où c'est bien plutôt la capacité en affaires et jusqu'à un certain degré la partie du pays où les candidats sont ressortissants, qui au fond, décident de leur choix. En outre, la politique de l'autorité exécutive sera empreinte de moins de solidarité. »

Cette réforme aurait des suites bien plus graves encore. Le Conseil fédéral, élu du peuple, jouirait d'un tout autre prestige, d'une toute autre autorité que le Conseil fédéral, élu de l'Assemblée fédérale. Il pourrait évidemment, comme le Président des États-Unis et au même titre que lui, se flatter d'être aussi bien et mieux que les Chambres le représentant du peuple, son représentant non pas dilué en une réunion nombreuse, mais condensé en un comité restreint. Qui saurait dire quelles rivalités, quels conflits en pourraient résulter ? N'a-t-on pas vu dans le canton de Thurgovie, où le referendum est obligatoire et accompagné d'un message, et où le Gouvernement est élu par le peuple, le Gouvernement conseiller au peuple de voter contre une loi adoptée par le Grand Conseil ? A-t-on redouté les conséquences d'une pareille réforme ou senti la difficulté de la réaliser ? — Les conseillers seraient-ils nommés au scrutin de liste avec ou sans représentation des partis par toute la Confédération ? Chacun au contraire, comme on l'a proposé, serait-il le représentant d'une grande région ? systèmes qui pourraient aboutir à faire du Gouvernement un amalgame incohérent. — Est-ce simplement l'effet d'une juste appréciation des avantages du régime actuel ? — « J'ai toujours considéré, écrivait Freeman, que l'un des grands mérites de la constitution suisse, comparée à la constitution américaine, c'est qu'elle met les branches législative et exécutive en relations plus étroites et plus harmonieuses que la constitution américaine et qu'elle écarte les maux sans nombre du système américain des élections présidentielles. » — Quoi qu'il en soit, l'élection du Conseil fédéral au suffrage universel, réclamée dès 1865, soutenue en 1893 par la Droite catholique, proposée sept ans plus tard par voie d'initiative constitutionnelle, — le Conseil fédéral aurait eu neuf membres et aurait été élu par tous les citoyens suisses, — a été rejetée par le peuple le 4 novembre 1900, et le parti radical démocrate quand, en avril 1905, il a dressé son programme politique, a refusé de l'inscrire parmi ses revendications, bien qu'elle fut réclamée par la puissante association ouvrière du Grutli. Depuis, en mars 1906, une revision de la constitution de Berne a confié au peuple l'élection du Gouvernement de ce canton. Il n'y a plus désormais que quatre cantons Fribourg, Neuchâtel, Valais, Vaud, où le Gouvernement ne soit pas directement nommé par les électeurs, et, pour le dire en passant, dans quatre autres cantons Schaffouse, Soleure, Tessin, Thurgovie les électeurs ont le droit de le révoquer.

Dénomination. Les membres du Conseil fédéral ne portent que le simple titre de conseillers fédéraux.

Organisation. Le Conseil ne forme qu'un ministère unique et au début, jusqu'en 1852, aucun membre n'avait d'attributions particulières. En 1852, on constitua sept départements ministériels confiés chacun à un membre du Conseil fédéral.

« A cette époque, dit M. Droz, l'administration fédérale pouvait être citée comme un modèle d'économie.

Le nombre des affaires étant peu élevé, le Conseil
fédéral avait la possibilité de se tenir au courant de
tout ce qui se passait dans les divers départements.
Plus d'un dicastère n'avait pas de secrétaire spécial,
le chef du département faisant lui-même sa besogne. »

Ce Conseil, « facteur prépondérant de l'État fédéral »,
n'a pas démérité depuis lors. « C'est peut-être aujour-
d'hui, dit M. Hilty, non seulement en principe, mais
en fait, le gouvernement le plus travailleur et le moins
occupé de représenter seulement. »

Aux termes de l'arrêté fédéral du 28 juin 1895, les
départements sont : le département Politique, le département de l'Intérieur, le département de Justice et
Police, le département Militaire ; le département des
Finances et Douanes, le département du Commerce,
de l'Industrie et de l'Agriculture, le département des
Postes et Chemins de fer.

En dehors du département Politique, office des Affaires étrangères, qui revient de droit au Président de
la Confédération, les départements sont répartis
chaque année par le Conseil fédéral entre ses membres ;
chaque membre doit se charger d'un département.
Chaque chef de département a un secrétaire de département. Ce secrétaire reçoit un traitement de
6 000 à 8 000 francs : il a auprès de lui un adjoint qui
le remplace au besoin, et qui a un traitement de 5 000
à 7 000 francs.

La distribution des affaires entre les différents
départements n'a d'autre but que d'en préparer
l'examen détaillé. La décision appartient au Conseil fédéral seul. Tel était le principe posé par la

constitution de 1848 et développé par la loi du 16 mai 1848 sur l'organisation et le mode de procéder du Conseil fédéral. « Les affaires et les branches d'administration du Conseil fédéral qui exigent une surveillance particulière, un examen préalable ou des mesures secondaires, porte cette loi, sont renvoyées aux départements. Toutes les décisions émanent néanmoins du Conseil fédéral comme autorité. »

Mais les affaires se multiplièrent de telle façon que trente ans plus tard le Conseil fédéral ne suffisait plus à la besogne. « Si l'on devait prendre au pied de la lettre, écrivait le Conseil fédéral dans son message du 14 mai 1878, la disposition de l'article 103 de la constitution fédérale, il n'y aurait pas assez d'heures dans la journée pour faire face à la tâche qui incomberait au Conseil fédéral. » Aussi proposait-il d'accorder aux membres compétents la décision provisoire, sauf à réserver la décision définitive au Conseil fédéral. C'est ce système que consacra l'arrêté fédéral du 21 août 1878 dont l'article 20 porte : « Sous réserve de la décision définitive du Conseil fédéral, les départements règlent les affaires qui leur sont renvoyées, soit en vertu de dispositions légales, soit en vertu de dispositions spéciales du Conseil fédéral. »

Éligibilité. Tout citoyen suisse éligible au Conseil national peut être nommé membre du Conseil fédéral.

En fait, les membres du Conseil fédéral sont presque toujours choisis parmi les membres de l'Assemblée fédérale. Parfois cependant on va chercher un haut fonctionnaire pour l'appeler au Gouvernement. C'est ainsi que M. Hammer fut nommé conseiller fédéral, alors qu'il était ministre de Suisse à Berlin.

De 1848 à 1875, une règle invariable, qu'indique M. Loumyer, présidait à la répartition des sièges au Conseil fédéral. Chacun des cinq grands cantons, Berne, Zurich, Vaud, Saint-Gall et Argovie, avait un représentant ; un autre était pris dans les principaux cantons catholiques allemands, Lucerne et Soleure ; un autre dans les cantons latins, Tessin, Genève et Neuchâtel. En 1875, une brèche a été faite à cette pratique qui n'est plus rigoureusement suivie.

Le Conseil peut se recruter dans tous les partis et tous les partis lui ont fourni des membres. Pendant longtemps les catholiques en furent systématiquement exclus, peut-être par une rancune tenace du Sonderbund. C'est ce que fit remarquer en 1884 au Conseil national un député de Zurich, M. Vögelin, dont M. Deploige cite les paroles : « Septante-deux hommes, disait-il, ont passé par le Conseil fédéral depuis 1848. Jamais un catholique n'a été trouvé digne d'y entrer ». Sept ans plus tard un conservateur catholique, M. Zemp, fut appelé au Conseil fédéral en remplacement de M. Welti.

Les membres du Conseil fédéral sont élus tous les trois ans à l'ouverture de la nouvelle législature. La nomination a lieu dans les premiers jours de décembre au scrutin uninominal. Comme pour le Président de la Confédération, le bureau électoral est composé du président et des quatre scrutateurs du Conseil national assistés des deux scrutateurs du Conseil des États. Le vote est secret. Aux deux premiers tours, les voix peuvent se porter sur tout candidat; ensuite on élimine successivement les « outsiders » jusqu'à ce que deux candidats restent seulement en présence : en cas de partage le sort décide.

Incompatibilités. Les fonctions de membre du Conseil fédéral sont incompatibles avec toutes autres fonctions et avec l'exercice d'une profession.

Le membre de l'Assemblée fédérale appelé au Conseil fédéral perd son mandat et doit être immédiatement remplacé.

Deux parents ou alliés, soit en ligne directe soit en ligne collatérale jusqu'au degré de cousin germain, n'y peuvent siéger en même temps. Le conseiller qui, par un mariage, contracte une alliance au degré prohibé perd son poste. Un conseiller ne peut être parent ou allié au degré prohibé d'un haut fonctionnaire de son département.

Deux citoyens du même canton ne peuvent être à la fois membres du Conseil fédéral.

Aux termes de l'article 12 de la constitution, « les membres des autorités fédérales, les fonctionnaires civils et militaires de la Confédération et les représentants ou les commissaires fédéraux ne peuvent recevoir d'un Gouvernement étranger ni pensions ou traitements, ni titres, présents ou décorations. S'ils sont déjà en possession de pensions ou de décorations, ils devront renoncer à jouir de leurs pensions et à porter leurs titres et leurs décorations pendant la durée de leurs fonctions. »

Les membres du Conseil fédéral tombent incontestablement sous l'article 12 de la constitution : ils ne sauraient donc, pendant la durée de leurs fonctions, soit recevoir des décorations étrangères, soit porter celles qu'ils ont reçues antérieurement.

Le Conseil fédéral a pour résidence Berne, chef-lieu du canton de Berne. La Confédération suisse n'a donc pas, comme les États-Unis d'Amérique, un district fédéral. On avait proposé en 1848 de placer la capitale fédérale dans une ville distincte d'un chef-lieu de canton. C'est ainsi que dans le Dominion du Canada, la capitale fédérale, Ottawa, située dans la province d'Ontario, est distincte du chef-lieu, Toronto. On avait, en effet engagé à choisir pour siège du pouvoir exécutif, soit Thun dans le canton de Berne, soit Zofingen dans le canton d'Argovie : mais il ne fut donné aucune suite à ces projets.

Les membres du Conseil fédéral reçoivent un traitement de 12 000 francs. « Il peut sembler étrange, disent Adams et Cunningham, que l'on trouve encore assez d'hommes de talent disposés à remplir des fonctions si pénibles et si mal rétribuées, et quelques sceptiques vont même jusqu'à contester la valeur de ces hommes. Il faut avoir vécu en Suisse pour comprendre comment un pareil fait est possible. Quand il faut pourvoir à une place devenue vacante dans le Conseil fédéral, un homme en vue est désigné du consentement général comme candidat. Il est plus que probable que cet homme a déjà fait son apprentissage politique dans l'administration de sa commune ou de son canton, et, quoiqu'il arrive très souvent qu'il doive se résigner à abandonner une profession presque toujours lucrative, son patriotisme et l'intérêt qu'il porte à son canton lui font un devoir de quitter à la fois ce dernier et son gagne-pain, pour aller s'établir à Berne et y vivre souvent avec un maigre revenu. »

Certains publicistes ont regretté cette médiocrité des traitements fédéraux qui peut forcer des hommes capables, mais dénués de patrimoine, d'abandonner le service de l'État pour assurer leur avenir dans des carrières plus rémunératrices. Elle a pourtant un avantage qu'a signalé M. Sentupéry : elle adoucit les compétitions et écarte les faméliques.

Organisation. Le Conseil fédéral tient séance généralement deux fois par semaine, le mardi et le samedi, sans qu'aucun membre puisse être absent sans excuse. Il est présidé par le Président de la Confédération ou, à son défaut, par le Vice-Président du Conseil fédéral. C'est le Président qui accorde les congés quand ils ne dépassent pas une semaine; au delà de ce terme, c'est le Conseil qui les donne.

Séances. Les votes sont oraux, excepté pour les élections qui ont lieu au scrutin secret. « Le Chancelier, dit M. Demombynes, assiste aux séances et rédige les arrêtés et règlements qui ont été pris : un secrétaire de la Chancellerie tient le procès-verbal. » Chaque membre peut faire insérer au procès-verbal qu'il a voté, non pour la proposition adoptée mais pour une autre. Une analyse des séances du Conseil est publiée régulièrement dans la *Feuille fédérale*.

Quorum. Le nombre des membres présents nécessaire pour que la délibération soit valable est de quatre.

Les mesures, quel que soit le nombre des présents, doivent être prises à la majorité de quatre voix.

Le Conseil fédéral présente un amalgame de fonc-
tions diverses. Il rappelle par ce côté le Conseil du
Roi de notre ancien régime, qui était à la fois Conseil
des ministres, Conseil d'État et Cour de cassation. Il
a des attributions législatives, diplomatiques, financières, exécutives, administratives, contentieuses et
judiciaires.

En Suisse, l'initiative des lois est partagée entre le
Gouvernement et les deux Chambres. Elle appartient
aussi, aux termes de la constitution, aux cantons,
qui peuvent l'exercer par correspondance, mais doivent adresser leurs propositions au Conseil fédéral.
Les cantons ne semblent guère avoir usé de
ce droit, qui paraît faire double emploi avec l'initiative des membres du Conseil des États, représentants des cantons. L'initiative n'est même pas
exercée en général par le Conseil fédéral. Peu soucieux d'affronter un échec personnel, il laisse les
membres des deux Chambres présenter, ou, comme
les ministres américains, fait présenter par eux les
mesures dont il souhaite l'adoption.

Il sort parfois de cette réserve, mais ce n'est pas
toujours sans avoir à le regretter. Ainsi le projet sur
la composition nouvelle de l'armée, qu'avait présenté
le colonel Frey, chef du département militaire, essuya
un échec complet devant les Chambres, en décembre
1894. « Le Conseil national, écrivait le chroniqueur
politique de la *Bibliothèque universelle et Revue suisse*,
a refusé d'entrer en matière par 88 voix contre 48. On
ne se rappelle guère pareille défaite pour le Conseil •

fédéral. Dans d'autres pays il en serait résulté une crise ministérielle intense. Chez nous, cela n'entraîne pas de conséquences si graves, mais il est clair que la situation de M. Frey est profondément ébranlée. »

Si l'intervention la plus efficace et la plus utile du Gouvernement se produit dans la discussion de la loi, cette collaboration législative est malaisée à régler. Plus que tout autre État la Suisse semble avoir réussi à l'organiser d'une façon pratique. « C'est peut-être, le croirait-on, écrit M. Louis Michon dans son livre sur *l'Initiative parlementaire et la Réforme du travail législatif*, c'est peut-être dans le pays où le Pouvoir exécutif semble d'une façon générale réduit au rôle le plus secondaire, que son influence s'exerce de la manière la plus efficace et la plus heureuse dans la rédaction des lois. »

Constitutionnellement, le Conseil fédéral a un droit de préavis sur les propositions qui lui sont adressées par les Conseils ou par les cantons. En fait, son rôle est singulièrement plus développé.

En effet, ce n'est pas seulement quand une Assemblée est saisie d'une proposition d'un de ses membres que le Conseil fédéral est consulté préalablement à toute discussion et adresse un rapport. Qu'un membre veuille proposer une loi nouvelle, le plus souvent il se bornera à demander à l'Assemblée d'attirer l'attention du Conseil sur la matière qu'il souhaite de voir régler. Si l'Assemblée ratifie l'initiative, le postulat, c'est le nom de ce vœu, est transmis au Conseil, avec prière de faire un rapport. Ou le Conseil fédéral est favorable au postulat, et alors il présente un projet de loi conforme; ou il est hostile, et alors il se borne à envoyer un rapport. Si l'Assemblée, malgré l'avis du Conseil, persiste dans son désir de statuer sur la matière, le Conseil fédéral, faisant abnégation de ses propres sentiments, dépose un projet de loi conforme au vœu de l'Assemblée. Le projet présenté est du reste souvent modifié par l'Assemblée : quand il s'agit de régler le régime des chemins de fer, le Conseil fédéral proposait d'en confier la construction à l'État, mais les Chambres préférèrent s'adresser à l'initiative privée; quand il s'agit de fixer le régime des spiritueux, le Conseil fédéral proposait une réglementation rigoureuse, mais les Chambres préférèrent le monopole de l'alcool.

Le Conseil fédéral avait encore une autre fonction en matière de droit privé : il remplissait l'office de « correcteur des lois ». « Une procédure spéciale, dit M. Louis Michon, vient rendre particulièrement efficace la part prise par le Conseil fédéral à l'élaboration des lois civiles à cause de la complexité et de l'importance de ces lois. Lorsqu'on a décidé de prendre un sujet en considération, et que, après discussion, on a voté certaines modifications à la législation existante, les résolutions de la Chambre sont reportées et soumises au Conseil fédéral, qui doit présenter un texte définitif se rapportant bien à la législation existante. » Il semble que le Conseil fédéral ne soit plus investi de cette mission. La loi fédérale du 9 octobre 1902 a étendu à toutes les lois et arrêtés fédéraux la pratique de la revision finale et en a confié le soin à une commission dite de rédaction, dont nous verrons la composition à propos des Assemblées.

Publication. Quand une loi a été adoptée par les deux Conseils, la Chancellerie en fait l'expédition originale, le Conseil fédéral la publie et la met à exécution. Les lois sont insérées dans le *Recueil officiel des lois et ordonnances de la Confédération suisse*. Ce recueil est publié simultanément en trois langues : en allemand, en français et en italien. Les arrêtés relatifs aux chemins de fer font l'objet d'une publication spéciale également trilingue, le *Recueil des pièces officielles relatives aux chemins de fer suisses*.

Fonctions diplomatiques. Droit de légation. Les publicistes distinguent le droit de légation actif et passif, le droit d'envoyer et de recevoir des ambassadeurs. Nous avons vu que c'est le Président de la Confédération qui reçoit les ambassadeurs représentant les États étrangers en Suisse ; c'est le Conseil fédéral qui nomme les ambassadeurs représentant la Suisse à l'étranger.

La constitution fédérale de 1848 portait que les représentants de la Confédération étaient nommés par l'Assemblée fédérale. C'était une réminiscence de l'Acte de médiation de 1803 et du Pacte fédéral de 1815, aux termes desquels les envoyés diplomatiques de la Confédération étaient nommés par la Diète comme jadis ceux des Provinces-Unies par les États Généraux. C'était peut-être aussi un témoin de l'influence des publicistes français : Camille Desmoulins, au début de la Révolution, proposait, dans *la France Libre*, de faire nommer les ambassadeurs par les représentants du peuple. En fait, c'était le Conseil fédéral qui nommait les chefs de mission. En 1868, la commission chargée d'examiner le rapport de gestion du Conseil fédéral indiqua que la pratique ne semblait guère d'accord avec le texte constitutionnel et qu'il y aurait lieu de régler à nouveau la question de la représentation diplomatique. Cependant l'Assemblée fédérale, par l'arrêté du 21 décembre 1872, se borna à fixer les traitements des quatre légations à l'étranger : Paris, Vienne, Berlin, Rome. La constitution de 1874 effaça de la constitution tout ce qui avait trait à la nomination des représentants fédéraux. En revanche, on ajouta à l'article 85, qui conférait à l'Assemblée fédérale l'élection du Conseil fédéral, du Tribunal fédéral, du Chancelier et du général en chef de l'armée, un alinéa sanctionnant une pratique admise et ainsi conçu : « La législation fédérale pourra attribuer à l'Assemblée fédérale d'autres droits d'élection ou de confirmation. »

Le 5 juillet 1876, l'Assemblée fédérale revint sur la question et demanda au Conseil fédéral un rapport sur la proposition formulée sept ans auparavant. Le Conseil fédéral, dans un message du 28 septembre 1877, demanda qu'on lui maintînt le droit de nommer et de révoquer librement les agents diplomatiques. « L'intervention, portait le rapport, l'intervention d'une grande Assemblée législative et en général d'une autorité politique, dirigée par divers points de vue particuliers, soit qu'elle procède directement à la nomination, soit qu'elle se réserve simplement un droit de confirmation, pourrait amener tout au moins la possibilité que le choix tombe sur des personnes qui ne posséderaient pas la confiance absolue du gouvernement dans la mesure exigée par la nature des choses, et l'on ne risque guère de trop s'avancer en affirmant que dans un cas pareil la suppression des agents diplomatiques serait préférable à leur maintien dans ces conditions. » L'Assemblée fédérale, par un arrêté du 14 février 1878, se rangea à l'avis du Conseil et décida de ne pas donner suite au postulat de 1868.

Droit de paix et de guerre. Aux termes de la constitution fédérale, la Confédération a seule, à l'exclusion des cantons, le droit de déclarer la guerre et de faire la paix. « Les déclarations de guerre et la conclusion de la paix » sont de la compétence de l'Assemblée fédérale. D'ailleurs, la Suisse est un état neutre et ne songe guère qu'à défendre sa neutralité. « Nous sommes, disait, au Tir fédéral de 1892, M. Hauser, Président de la Confédération, nous sommes fermement résolus à vivre en paix avec tous nos voisins et à remplir notre devoir d'État neutre. Nous repoussons tous projets d'alliance, d'où qu'ils viennent. Nous n'avons pas besoin des conseils de l'étranger pour savoir ce que nous avons à faire. Ce n'est pas en vain que nous avons dépensé des millions pour fortifier le Gothard. Nous avons ainsi montré notre ferme volonté de défendre notre neutralité et de résister par les armes à quiconque essayerait de franchir les frontières de notre pays. »

Droit de traité. Le Conseil fédéral, d'après l'article 102, « veille aux intérêts de la Confédération au dehors, notamment à l'observation de ses rapports internationaux, et il est, en général, chargé de ses relations extérieures.

Il veille à la sûreté extérieure de la Suisse, au maintien de son indépendance et de sa neutralité. »

Le Conseil fédéral a donc pleine liberté dans les
relations avec les autres puissances. Mais le traité est
de la compétence de l'Assemblée fédérale, et on pourrait concevoir, comme l'indique M. Louis Michon dans
son livre *Des traités internationaux devant les Chambres*,
que les Chambres revendiquassent pour elles-mêmes
le droit de les négocier, comme faisaient jadis les
États généraux des Provinces-Unies. Elles n'y ont toutefois jamais prétendu et « l'Assemblée, dit M. Louis
Michon, laisse au Conseil fédéral le droit de négocier
les traités à peu près dans les mêmes conditions que
celles qui sont faites d'ordinaire au Pouvoir exécutif».

Le Conseil traite et conclut. Les Chambres approu-
vent et le Conseil ratifie. En principe, ce n'est qu'après
l'approbation qu'intervient la ratification. Le Conseil
fédéral cependant, dans un cas urgent — il s'agissait d'une convention temporaire de commerce avec
l'Italie, conclue le 22 janvier 1879 — ratifia un traité
avant qu'il eût été soumis aux Chambres, et ce n'est
qu'après coup qu'il demanda leur approbation.

Le Conseil fédéral a d'ailleurs singulièrement élargi
son domaine. Il considère que, si un traité nouveau
doit être soumis à l'Assemblée fédérale, il lui appartient de proroger sans approbation les traités existants
au delà de leur terme. Il a cru pouvoir proroger de
la sorte le traité de commerce qui avait été conclu avec
l'Espagne le 14 mars 1885, et qui devait expirer le 30
juin 1887.

Le Conseil fédéral a été plus loin encore : il a

estimé qu'il lui était loisible de régler des points secondaires par des déclarations non sujettes à l'approbation des Chambres, et ainsi il a échangé, au début de la mise en vigueur de la constitution de 1874, des déclarations avec l'Italie ; mais l'Assemblée fédérale l'a invité, par arrêté du 5 janvier 1876, à s'abstenir de cette pratique.

Le Conseil fédéral employait cette forme tout spécialement en matière d'extradition. Quand l'extradition était demandée à un État ou par un État avec qui aucun traité n'existait, le Conseil fédéral, pour l'obtenir ou l'accorder, faisait ou exigeait une déclaration de réciprocité. En réalité, comme l'a remarqué M. Louis Renault, il y avait là un véritable traité qu'il n'appartenait qu'à l'Assemblée fédérale de sanctionner. Parfois, même quand il existait un traité, pour accorder ou obtenir une extradition en dehors des cas prévus dans la convention, le Conseil fédéral demandait ou consentait une déclaration de réciprocité. « Le Conseil fédéral, en définitive, dit M. Louis Renault, modifiait de sa seule autorité un traité qui avait été sanctionné par l'Assemblée fédérale. »

L'Assemblée fédérale voulut mettre un terme à toutes ces incorrections constitutionnelles, et la loi du 22 janvier 1892 sanctionna la pratique adoptée, tout en obligeant le Conseil fédéral à notifier à l'Assemblée les extraditions accordées par lui en dehors des stipulations des traités.

Le Conseil fédéral avait cru aussi, le 28 novembre 1874, pouvoir ratifier sans autorisation un protocole apportant une modification de pure forme au traité d'extradition avec la Grande-Bretagne, qu'avaient approuvé les Chambres; celles-ci ont tenu à accorder, par arrêté du 1er juillet 1875, l'approbation dont le Conseil croyait pouvoir se passer.

Nous verrons plus tard que le referendum ne s'applique pas aux traités. Mais, en fait de traités, le Gouvernement et les Chambres fédérales ne jouissent pas seulement d'une autorité plus stable, puisque leur œuvre ne peut être mise en question par une votation populaire; ils ont une compétence plus large encore, et ils peuvent réglementer au point de vue international une matière qui leur échappe au point de vue interne. Avant, par exemple, que la constitution de 1874 n'eût attribué à la Confédération le droit de légiférer sur la propriété littéraire et artistique, la convention du 30 juin 1864 protégeait, même par l'amende et l'emprisonnement, la propriété littéraire, artistique, industrielle des Français en Suisse ; un autre traité du même jour accordait aux israélites français le droit d'établissement dans tous les cantons, alors que le droit d'établissement des non chrétiens demeurant, d'après la constitution de 1848, soumis à la législation cantonale, l'Assemblée fédérale n'aurait pu accorder pareil droit aux israélites suisses. Par contre, le Conseil fédéral est lié par la constitution en ce qui touche les principes du droit public et les règles d'ordre fédéral. C'est ainsi que le Conseil fédéral dut rompre les négociations engagées avec les États-Unis, en 1885, en vue d'un traité réciproque de naturalisation : les États-Unis voulaient que la naturalisation, et par suite la perte de la nationalité suisse, résultât de l'établissement sur le sol américain ; or, d'après la constitution, un Suisse ne peut perdre sa nationalité que pour avoir porté les armes contre sa patrie.

Fonctions financières. — C'est le Conseil fédéral qui prépare le budget et le présente à la Chambre à la session de décembre. Il dresse les comptes de l'exercice précédent et le soumet aux Chambres à la session de juin.

Fonctions exécutives. — Le Conseil fédéral est investi du pouvoir exécutif. C'est lui qui veille à l'exécution des lois, nomme et révoque les fonctionnaires. Certaines nominations sont attribuées soit à l'Assemblée, soit au Tribunal fédéral. Ainsi, de même qu'à Athènes c'était le peuple qui élisait les généraux, c'est l'Assemblée fédérale, en Suisse, qui nomme pour la durée des opérations militaires le commandant en chef des troupes fédérales.

L'influence des Chambres sur le Gouvernement s'exerce de trois façons : contrôle sur le passé, décision dans le présent, direction pour l'avenir.

Dans le passé, l'influence s'exerce par l'examen de la conduite du Gouvernement durant l'année écoulée. Aux termes de l'article 102 de la constitution, « le Gouvernement rend compte de sa gestion à l'Assemblée fédérale, à chaque session ordinaire, lui présente un rapport sur la situation de la Confédération, tant à l'intérieur qu'au dehors, et recommande à son attention les mesures qu'il croit utiles à l'accroissement de la prospérité commune ». Ce rapport est soumis dans chaque Chambre à l'examen d'une Commission élue à la session de décembre et à qui il doit être remis un mois avant l'ouverture de la session de juin, où il doit être discuté. Remarquons que l'on trouve ici, sous une forme châtiée au point de vue démocratique, la vieille procédure du discours du trône et de la réponse à ce discours, préparée par une Commission. Dans le rapport sur le compte rendu de l'administration du pays, la Commission peut signaler les actes incorrects et en provoquer la régularisation : de cette façon, nous l'avons vu, fut provoquée l'approbation parlementaire d'un protocole de pure forme, annexe d'un traité d'extradition avec la Grande-Bretagne, que le Conseil fédéral avait cru pouvoir ratifier sans autorisation spéciale. C'est dans ces rapports que se trouvent les avertissements au Conseil fédéral sur les procédés dont il y aurait lieu de s'abstenir.

Pour le présent, tout membre du Conseil des États ou du Conseil national a, aux termes de la loi du 9 octobre 1902, qui n'a fait que renouveler sur ce point une disposition de la loi du 22 décembre 1849, le droit de réclamer des explications, c'est-à-dire d'adresser une interpellation au Conseil fédéral, et celui-ci est tenu d'y répondre, soit dans la séance même, soit dans une séance ultérieure. Toutefois, il n'est donné suite à l'interpellation que si elle est appuyée par dix membres dans le Conseil national ou par trois dans la Conseil des États. Toute interpellation doit être formulée par écrit. Après qu'il lui a été répondu, l'interpellant a droit de déclarer s'il est ou non satisfait. Une discussion ultérieure ne peut avoir lieu que si l'Assemblée le permet. Pour traduire cette pratique dans notre langue parlementaire, l'interpellation est une simple question, qui ne peut être transformée en interpellation qu'avec l'autorisation de l'Assemblée. Le débat sur une interpellation peut, comme le débat sur le compte rendu, se terminer par un blâme. En mai 1898, des Italiens travaillant en Suisse furent appelés par leurs compatriotes, lors des troubles de Milan ; ils se dirigeaient, au nombre de deux cents, vers la frontière, lorsqu'ils furent arrêtés par ordre du gouvernement fédéral et livrés, à Chiasso, aux bersaglieri du roi Humbert. Les Chambres, dans leur session de juin, blâmèrent le Conseil fédéral de cette mesure, contraire aux traditions hospitalières de la libre Helvétie. Le Conseil fédéral n'en demeura pas moins en fonctions. Rien n'est plus logique. « La Suisse, dit M. Léon Dupriez, la Suisse est une république démocratique. Le principe de la souveraineté populaire, appliqué dans toute sa pureté, y a produit dans l'organisme constitutionnel et dans les mœurs politiques des conséquences tout à fait particulières. Tout homme qui reçoit une parcelle du pouvoir législatif, exécutif et même judiciaire, y est nommé pour un terme fixe. Chacun des élus, imbu de cette idée de la souveraineté du peuple, exerce le pouvoir qui lui est délégué suivant ce qu'il croit être la volonté de ses mandataires. S'il s'est trompé sur ce point, il se hâte de réparer son erreur, sans songer à refuser son concours. Ainsi les membres de l'Assemblée dont les opinions ont été désavouées par leurs électeurs n'abandonnent point leurs sièges, ainsi les ministres dont les volontés personnelles sont contrecarrées par les votes de l'Assemblée ou du peuple restent à leur poste. En Suisse les autorités ne se démettent jamais, elles se soumettent toujours. »

Pour l'avenir, un débat peut être soulevé au sein d'une Assemblée et se terminer par des instructions précises données au Conseil fédéral sur la conduite à tenir. Ces instructions peuvent être contraires aux sentiments du Conseil fédéral. C'est ce qui se produisit en 1860, lorsque l'Italie céda la Savoie à la France : la majorité du Conseil fédéral, Stampfli en tête, aurait bien voulu occuper la province qui changeait de patrie et la réunir à la Confédération, ou tout au moins en prévenir l'annexion à la France. Les Chambres prescrivirent au Conseil fédéral de se borner à défendre l'intégrité du territoire suisse. Le Conseil fédéral, malgré la grave défaite qu'il avait éprouvée, n'en demeura pas moins en fonctions.

Le Conseil fédéral ne possède ni droit de dissoudre, ni droit de proroger les Chambres fédérales. Il peut les convoquer extraordinairement.

Dans la plupart des pays le Gouvernement est investi du droit de grâce, tandis que le droit d'amnistie est réservé aux Chambres. Dans certains pays, le Gouvernement cumule le droit d'amnistie et le droit de grâce : tel était le système suivi en France sous le Second Empire, tel est le système en vigueur à Haïti. A l'inverse, les Chambres peuvent être investies à la fois des droits de grâce et d'amnistie : il en était ainsi sous la constitution de l'an III, il en est de même en Suisse, et c'est là un rapprochement de plus entre le régime suisse et le régime directorial ; d'ailleurs,. dans les cantons, c'était, de tradition, le Grand et non le Petit Conseil qui remettait les peines. Par suite de l'unification du droit pénal, l'Assemblée fédérale sera bientôt seule en Suisse investie des droits de grâce et d'amnistie.

Fonctions administratives. Le Conseil fédéral exerce un droit de tutelle sur les cantons, tant à l'extérieur qu'à l'intérieur.

Au point de vue extérieur, il examine les traités des cantons entre eux et avec l'étranger et les ratifie s'il y a lieu. Si les cantons, en effet, ne peuvent faire d'alliance particulière ni de traité de nature politique, ils peuvent du moins passer entre eux des conventions — des « concordats », pour employer l'expression suisse — sur des objets de législation et d'administration ou de justice ; ces concordats doivent être portés à la connaissance des autorités fédérales qui, ou en empêchent l'exécution s'ils renferment des clauses contraires à la Confédération ou aux droits des autres cantons, ou y prêtent la main s'ils n'empiètent sur les droits ni de la Confédération ni des autres cantons.

S'il est interdit aux cantons de faire avec les États étrangers des traités d'alliance, de péage — c'est le nom qu'on donne en Suisse aux douanes — et de commerce, ils conservent le droit de conclure avec eux des traités sur des objets concernant l'économie publique, les rapports de voisinage et de police, à condition que ces traités ne contiennent rien de contraire à la Confédération et aux droits des autres cantons.

Les principaux traités de cette nature sont les concordats entre le Saint-Siège et les cantons catholiques. Les concordats sont négociés directement par le Conseil fédéral : en effet, aux termes de l'article 10 de la constitution, les rapports officiels entre les cantons et les gouvernements étrangers ou leurs représentants ont lieu par l'intermédiaire du Conseil fédéral ; les cantons ne peuvent correspondre (et encore dans la limite de la compétence contractuelle qui leur est laissée), qu'avec les autorités inférieures et les employés. C'est le Conseil fédéral qui dut conclure, au nom des cantons du centre, avec l'Allemagne et l'Italie, pour le percement du Saint-Gothard (15 octobre 1869).

Au point de vue intérieur, il a un droit de surveillance général sur l'ensemble de la législation, spécial sur certaines parties.

Il lui appartient notamment d'annuler les lois cantonales qui violeraient la constitution fédérale, alors même que ces lois auraient été votées par le peuple. « Le peuple zurichois, dit M. Numa Droz, avait adopté un projet dû à l'initiative populaire et établissant le monopole des billets de banque. Le Conseil fédéral a cassé cette loi comme étant contraire à l'article 59 de la constitution fédérale. »

La constitution fédérale prescrit que les lois cantonales sur l'établissement et les droits électoraux des citoyens établis ainsi que sur la presse devront, avant d'être mises en vigueur, être soumises au Conseil fédéral. Dans des matières que l'on n'osait pas soustraire à la compétence cantonale et qui comportaient peut-être des divergences locales de réglementation, on a voulu assurer du moins, grâce à ce contrôle discret exercé dans la pénombre d'un Conseil de Gouvernement, une certaine unité d'esprit ou tout au moins le respect de certains principes directeurs.

Fonctions contentieuses.

La confusion de pouvoirs que nous avons signalée entre le Gouvernement et les Assemblées existe aussi entre le Gouvernement et les Cours souveraines. Aux termes de l'article 102 de la constitution, le Conseil fédéral « veille à l'observation des lois et des arrêtés de la Confédération, ainsi que des prescriptions des concordats fédéraux ; il prend de son chef ou sur plainte les mesures nécessaires pour les faire observer lorsque le recours n'est pas de ceux qui doivent être portés devant le Tribunal fédéral ».

L'une des principales tâches du Conseil fédéral est l'examen des recours qui sont formés devant lui soit par les citoyens, soit par les cantons. « Dans son rôle de gardien des droits constitutionnels des citoyens et des États, dit M. Vincent, le Conseil est, en une certaine façon, une Cour de justice. Les recours sur lesquels le Conseil fédéral est appelé à prononcer sont d'ordre politique ou administratif. Par exemple, la Confédération fournit à tout milicien ses premiers débours : elle a le pouvoir de relever l'éducation primaire que le canton néglige ; elle garantit la liberté du commerce entre les cantons ; elle interdit l'établissement des jésuites sur le territoire ; elle règle la forme des registres de l'état civil. Toutes ces matières donnent lieu à des difficultés qui peuvent nécessiter une décision du Conseil fédéral. Des différends entre les confessions religieuses amènent souvent des débats sur la place où un citoyen doit être enterré et amènent le Conseil à intervenir pour appliquer la règle constitutionnelle qui place les cimetières sous le contrôle des autorités civiles et déclare que toute personne décédée a droit à une sépulture décente. Le Conseil a récemment décidé que ce droit impliquait la sonnerie des cloches, là où elle était d'usage, même si la cloche appartenait à une autre confession. Les appels en matière d'élection sont fréquents et de temps en temps les traités avec l'étranger soulèvent des difficultés. » Dubs, l'auteur du traité classique de *Droit public suisse*, souhaitait de voir renvoyer une partie de ces litiges délicats, les contestations de droit public en matière religieuse, à l'autorité plus sereine du Tribunal fédéral.

Le Conseil fédéral est encore compétent pour les recours relatifs à l'application des lois constitutionnelles fédérales, pour les difficultés en matière de patentes, de libre circulation, d'établissement et d'affranchissement de la taxe militaire.

La loi du 11 avril 1889 avait donné au Conseil fédéral contrôle sur les poursuites pour dettes et les faillites et compétence pour les recours en ces matières. L'importance de ce service était telle, que le Conseil fut obligé de former une commission technique sous la présidence du chef du département de Justice et Police pour trancher les litiges. La constitution autorise en effet le Conseil fédéral « à appeler des experts pour des objets spéciaux ». Une loi du 26 juin 1895 a transféré la surveillance et la juridiction en ces matières au Tribunal fédéral.

Si la décision du Conseil fédéral paraît illégale, on peut en appeler aux Chambres fédérales, car l'article 85 de la constitution range au nombre des attributions de l'Assemblée fédérale « les réclamations contre les décisions du Conseil fédéral relatives à des contestations administratives ».

C'est aussi devant l'Assemblée fédérale que sont portés les recours contre les décisions prises par le Conseil fédéral comme pouvoir exécutif. Mgr Mermillod se pourvut devant elle contre la décision du Conseil fédéral qui, le 17 février 1872, l'avait frappé d'expulsion, bien que citoyen suisse, pour avoir accepté du Saint-Siège le titre d'évêque ou plutôt de vicaire apostolique de Genève. Ce recours fut d'ailleurs rejeté.

« Il y a, disent Adams et Cunningham à propos des attributions contentieuses du Conseil fédéral, il y a ici une imperfection que tous les hommes d'État suisses sont, nous le savons, les premiers à reconnaître. Si un gouvernement cantonal adopte une mesure que le Conseil fédéral, lorsqu'il est appelé à la juger, déclare inconstitutionnelle, et si le canton refuse de s'incliner devant la décision du Conseil fédéral, ce dernier n'a pas en mains les organes réguliers pour faire respecter sa décision. Si le canton persiste dans son opposition, le Conseil fédéral a le droit incontesté d'envoyer sur les lieux un commissaire fédéral chargé de tâcher d'arranger l'affaire avec les autorités cantonales ; mais si celles-ci continuent à ne pas vouloir entendre raison, le Conseil fédéral se trouve désarmé. D'ordinaire le canton cède quand le Conseil fédéral, devant l'échec de son commissaire, menace d'imposer au canton réfractaire trop désireux de l'éviter

une grosse amende, sous la forme de l'envoi d'une gar-
nison de troupes d'un autre canton, et le Conseil fédéral en arrive ainsi à ses fins, mais d'une façon indi-
recte. Il peut aussi menacer d'une suppression de
tous subsides. »

Enfin le Conseil fédéral a, en vertu du Code pénal
fédéral, le droit de renvoyer aux juridictions cantonales certaines affaires qui sont de la compétence de
la justice fédérale. Il peut aussi, en vertu de la loi du
28 juin 1889 sur l'organisation judiciaire et la procédure pénale aux armées, renvoyer aux tribunaux ordinaires certaines affaires de la compétence des tribunaux militaires. C'est lui enfin qui tranche les conflits
de compétence entre les tribunaux militaires et les
tribunaux ordinaires.

Il n'y a pas à proprement parler, en Suisse, de régime
correspondant à celui que nous appelons état de siège :
la constitution fédérale ne prévoit pas de suspension des
garanties constitutionnelles. Deux de ses dispositions
visent les situations qui peuvent chez nous 'entraîner
la proclamation de l'état de siège. L'article 85 fait rentrer dans la compétence des Chambres fédérales les
mesures à prendre pour faire respecter la constitution
fédérale et assurer la garantie des constitutions cantonales, ainsi que celles qui ont pour but d'obtenir
l'accomplissement des devoirs fédéraux. Voilà pour
l'état de siège pendant les sessions parlementaires.
L'article 102 porte qu' « en cas d'urgence et lorsque
l'Assemblée fédérale n'est pas réunie, le Conseil fédéral est autorisé à lever les troupes nécessaires et à en
disposer, sous réserve de convoquer immédiatement

les Conseils, si le nombre des troupes levées dépasse 2000 hommes, ou si elles restent sur pied au delà de trois semaines ». Voilà pour l'état de siège dans l'intervalle des sessions. D'ailleurs, comme la Confédération, en l'absence de tout district fédéral, n'a aucun territoire propre, les troubles qui peuvent éclater ne l'atteignent qu'indirectement, et elle ne s'en occupe que dans le cas où le canton est impuissant à les réprimer. Il ne faut pas oublier que la Confédération, en temps normal, n'a point de troupes, et qu'elle doit, quand il y a lieu à intervention fédérale, requérir les troupes des cantons.

Cette intervention fédérale, qu'admettait déjà la constitution de 1848, a été assez fréquemment mise en jeu au cours du siècle dernier. Le 22 avril 1864, à la suite de l'élection de Chenevière contre James Fazy, des troubles éclatèrent à Genève; un commissaire fédéral, le landamman de Saint-Gall, OEppli, y fut envoyé, et un corps de troupes fédérales, commandé par le colonel Ziegler, occupa la ville. En mars 1871, à Zurich, à la suite d'une fête donnée par les Allemands de la ville pour célébrer le triomphe des armées germaniques et le rétablissement de l'Empire teuton, des troubles se produisirent : M. Heer fut envoyé comme commissaire fédéral, et un corps d'occupation vint rétablir l'ordre. Le Tessin, dont la population ardente — M. Droz appelle les Tessinois « nos bouillants confédérés » — est extrêmement divisée, a souvent obligé la Confédération à exercer ses fonctions de gardien de la paix cantonale. Déjà, en 1876, le Conseil fédéral avait dû y envoyer à titre officieux

le colonel Kunzli. En mars 1889, il dut, à la suite des
élections, nommer un commissaire, Eugène Borel, qui
se rendit dans le canton avec plusieurs bataillons. Six
mois plus tard, le 11 septembre, une révolution écla-
tait : un conseiller d'État, Rossi, était tué d'un coup
de revolver, un autre incarcéré, un Gouvernement
insurrectionnel établi. Un commissaire fédéral, le
colonel Kunzli, fut envoyé avec trois bataillons.
L'ordre ne fut rétabli qu'après l'établissement de la
représentation proportionnelle dans les élections
cantonales.

Les frais de l'intervention fédérale sont supportés
par le canton qui y a donné lieu. Ainsi le canton de
Zurich paya les frais de l'intervention de 1871, se
montant à soixante-deux mille francs. Quelquefois,
pour ne pas prolonger des débats irritants, l'Assemblée fédérale en accorde la remise. C'est ainsi qu'elle
déchargea le canton de Genève des frais de l'intervention de 1864, frais qui s'élevaient à quatre cent
trente-trois mille francs.

Parfois le Conseil fédéral se borne à mettre quelques troupes — par exemple des réservistes en cours
de période d'exercice — à la disposition des autorités
cantonales. M. de Salis, dans son *Droit fédéral suisse*,
cite deux circonstances où le Conseil fédéral eut recours à cette intervention au petit pied, lors de l'é-
meute ouvrière de Berne, le 19 juin 1893, et lors de
l'agitation contre les travailleurs italiens à Zurich, du
26 au 29 juillet 1896.

La responsabilité du Conseil fédéral, comme celle   Responsabilité.
du Président, est réglée par la loi du 9 décembre 1851,

que nous retrouverons à propos des attributions judiciaires des Chambres.

Durée des pouvoirs. Les membres du Conseil fédéral sont élus pour trois ans : leurs pouvoirs commencent et finissent avec ceux des Chambres qui les ont choisis, synchronisme heureux, nous l'avons vu, au point de vue de l'harmonie des différents pouvoirs.

Réélection. Les membres du Conseil fédéral sont indéfiniment rééligibles, et l'on pourrait ajouter qu'ils sont, de tradition, indéfiniment réélus. Il est sans exemple que le Conseil fédéral ait été intégralement renouvelé et on ne cite que deux conseillers qui n'aient pas été réélus alors qu'ils avaient sollicité le renouvellement de leur mandat. Ceux qui quittent volontairement le Conseil fédéral ne s'en éloignent que pour prendre d'autres fonctions, par exemple, comme Eugène Borel, la direction du bureau international des chemins de fer, ou pour rentrer dans la vie privée. Aussi nombreux sont ceux qui ont passé des dix, des vingt années au Conseil fédéral. M. Vincent cite Schenk, qui resta en charge trente-deux ans, de 1863 à 1895, Naeff, qui demeura en fonctions vingt-sept ans, de 1848 à 1875, Welti, qui siégea un quart de siècle, de 1866 à 1891. Frey Herosee, que Welti remplaça, avait occupé son poste pendant dix-huit ans, de 1848 à 1866.

Cette continuation du pouvoir aux mêmes hommes est louée par les uns, blâmée par les autres, et fournit un argument aux partisans de l'élection populaire à l'appui de la réforme qu'ils préconisent. « Les ouvriers, certains radicaux et même des libéraux modérés, écrivait en 1891 M. Louis Wuarin dans la *Revue des Deux Mondes*, estiment que le Gouvernement suisse, à l'inverse de tant d'autres, ne se renouvelle pas assez souvent dans son personnel, qu'il s'ankylose et prend des allures autoritaires dont il le faut corriger. »

En cas d'absence, de maladie ou de congé d'un conseiller fédéral, le secrétaire du département dont il est chargé, ou à son défaut l'adjoint, remplit l'intérim au point de vue de la gestion de l'office; quant aux mesures à prendre, il n'y a même pas à proprement parler d'intérim, puisque le pouvoir de décision réside en principe dans le Conseil fédéral qui ne saurait, lui, suspendre ses fonctions et que quatre membres suffisent à constituer.

Si, par suite de démission ou de mort, une vacance se produit au cours des fonctions, le successeur est élu par l'Assemblée fédérale à sa première session pour le reste de la durée des fonctions.

III

LA CHANCELLERIE

  Le Chancelier était l'un des rares fonctionnaires fédéraux qu'admît le Pacte de 1815. Alors que la Confédération avait pour Gouvernement les autorités du canton directeur, *vorort*, il existait déjà un Chancelier et un Sous-Chancelier fédéraux. Le Pacte du 7 avril 1815 portait en effet dans son article 10 : « Il y aura auprès du canton directeur une Chancellerie confédérale composée d'un Chancelier et d'un Secrétaire d'État, lesquels sont nommés par la Diète. » C'étaient les seuls fonctionnaires, ou du moins les seuls fonctionnaires permanents de la Confédération. Car le général en chef de la Confédération, l'État-Major général, les colonels, nommés par la Diète, étaient des fonctionnaires extraordinaires institués pour la durée des opérations militaires.

  Le Chancelier est, comme le Conseil fédéral, élu par l'Assemblée fédérale.

  Il ne peut y avoir entre le Chancelier et un membre du Conseil fédéral de parenté ou d'alliance au degré prohibé entre les membres du Conseil fédéral.

  Le Chancelier n'a pas le rôle actif ou éminent que son nom pourrait faire supposer. Il n'est pas, comme le Chancelier de l'ancienne France, à la tête de la

magistrature du pays; il ne préside pas, comme le
Chancelier de la vieille Angleterre, la Chambre, qui
incarne la tradition historique de la nation; il n'est
pas, comme le Chancelier de l'empire d'Allemagne,
une sorte de vice-empereur parlementaire.

Le Chancelier de la Confédération suisse a le rôle
plus modeste de secrétaire des pouvoirs politiques
de la Confédération, et sa mission n'est pas sans
quelque affinité avec celle du *clerk* du parlement britannique.

Il est, aux termes de la constitution, chargé du secré- **Fonctions.**
tariat du Conseil fédéral et de l'Assemblée fédérale.
Il contresigne les lois dont il prépare l'expédition
authentique. L'arrêté fédéral du 28 juin 1895 a ratta-
ché au département Politique la Chancellerie, qui était
jusque-là un service du département de l'Intérieur.

Le Chancelier assistait autrefois en personne aux
séances du Conseil national, dont il rédigeait le compte
rendu analytique : il semble se renfermer exclusivement aujourd'hui dans les fonctions de secrétaire du
Conseil fédéral. La signature qu'il appose au bas des
lois n'est qu'une simple certification de l'authenticité :
il n'a aucun pouvoir de contrôle.

Le Chancelier est logé et touche un traitement de **Traitement.**
11 000 francs.

Le Chancelier est responsable, comme les autres **Responsabilité.**
hauts fonctionnaires fédéraux, dans les termes de la
loi du 9 décembre 1851.

Le Chancelier est élu pour trois ans. **Durée**
des
Le Chancelier est rééligible. En fait, il se perpétue **fonctions.**
Réélection.
dans cette charge neutre, qui exige une longue pra-

tique, de greffier ministériel et parlementaire. Jean-Ulrich Schiess fut chancelier de 1848 à 1874.

Suppléants. Dès avant 1848, le Chancelier avait à côté de lui un Vice-Chancelier, le Secrétaire d'État. Après 1848, il lui fut adjoint un Vice-Chancelier nommé comme lui et dans les mêmes conditions. Ce Vice-Chancelier était spécialement chargé du secrétariat du Conseil des États.

Aux termes de l'arrêté fédéral du 28 juin 1895, le Chancelier a deux substituts, les deux Vice-Chanceliers nommés par le Conseil fédéral pour le même temps et soumis aux mêmes incompatibilités que lui. Le second est spécialement chargé de contrôler la rédaction française des pièces émanant du Conseil fédéral. Aux termes de la loi du 9 octobre 1902, il fait partie de la Commission de rédaction chargée d'arrêter les textes allemands et français et aussi de la Commission qui prépare le texte italien des lois et arrêtés fédéraux.

Auxiliaires. Le Chancelier a pour auxiliaires l'Archiviste et le Registrateur de la Confédération, qui sont également nommés pour trois ans par le Conseil fédéral, et quelques employés secondaires nommés aussi par le Conseil fédéral sans détermination de durée. L'Archiviste et le Registrateur, comme les Vice-Chanceliers, ne peuvent être parents des membres du Conseil fédéral au degré prohibé.

Remplacement. Comme les autres hauts fonctionnaires fédéraux, le Chancelier qui cesse ses fonctions par suite de décès ou de démission est remplacé par l'Assemblée fédérale, à la première session, et son successeur n'est nommé que pour le reste de la durée de son mandat.

CHAPITRE II

LES ASSEMBLÉES

I

DISPOSITIONS COMMUNES AUX DEUX CHAMBRES

Les deux Chambres helvétiques portent toutes les deux, comme les deux Chambres de notre constitution de l'an III, le nom de Conseil : Conseil national et Conseil des Etats. L'appellation d'Assemblée fédérale s'applique non seulement à la réunion des deux Conseils, mais encore à l'ensemble des deux Chambres siégeant séparément. Les membres de l'un comme de l'autre Conseil portent le nom de députés.

A la différence de la collégialité du pouvoir exécutif, la dualité du pouvoir législatif est chose nouvelle en Suisse : chaque canton en effet n'avait et n'a encore aujourd'hui qu'une Chambre unique et le projet de Rossi, en 1833, n'en prévoyait qu'une pour la Confédération. Néanmoins, les constituants de 1848 n'hésitèrent pas à scinder l'Assemblée fédérale en deux Chambres soit, comme le dit M. Esmein d'après Ruttimann, « afin de protéger l'indépendance et l'égalité des cantons, afin d'empêcher les plus

grands de dominer les plus petits », soit surtout,
comme le dit M. Morizot Thibault, « pour que la présence d'un contrôle réel sur les actes du Conseil
national pût prévenir l'usage irréfléchi ou l'exercice
immodéré de ses attributions ». Un publiciste genevois qu'il cite, Cherbuliez, avait écrit dans un ouvrage,
De la Démocratie en Suisse, publié en 1845, c'est-à-dire
cinq ans avant le vote de la constitution de 1848 :
« Rien de plus dangereux que cette indépendance au
moyen de laquelle une assemblée si impressionnable
peut en un jour, en une heure, décider souverainement
et définitivement les questions les plus vitales de
l'État, formuler en décrets les caprices les plus passa-
gers du peuple, donner force de loi à l'expression des
sentiments les plus passionnés, des antipathies les
plus aveugles. »

Inéligibilités et incompatibilités. La constitution n'établit aucune inéligibilité, commune aux deux Conseils. Au Conseil national, la
constitution déclare éligible tout électeur : les causes
qui privent de l'électorat, et qui sont jusqu'ici laissées
à la législation cantonale, privent donc de l'éligibilité.

La constitution de 1848 et la loi du 19 juillet 1872
sur les élections et votations fédérales, qui ne faisait
qu'en reproduire la disposition, exigeaient des étrangers cinq ans de possession du droit de cité pour qu'ils
pussent être élus membres du Conseil national. La
constitution de 1874, en déclarant « éligible comme
membre du Conseil national tout citoyen suisse laï-
que et ayant droit de voter », semble avoir supprimé ce
stage. M. Demombynes le considère cependant comme

subsistant encore, la loi de 1872 étant demeurée en vigueur.

Il n'est exigé des candidats aucune condition particulière d'âge ou de résidence : la même majorité rend à la fois électeur et éligible, et on peut être élu député par un canton dont on n'est pas ressortissant; Théodore Curti, originaire de Saint-Gall et même membre du gouvernement de ce canton était en 1893 député de Zurich au Conseil national.

Il y a une exception : les ecclésiastiques peuvent être et sont en fait électeurs dans les cantons, et cependant ils ne peuvent être élus à la Chambre unitaire : la constitution, en effet, n'admet au Conseil national que des laïques : les ecclésiastiques de toutes les confessions sont exclus, disposition plus radicale qu'en Angleterre où, seuls, les membres du clergé anglican et du clergé catholique sont frappés d'inéligibilité. On serait porté à s'en étonner en se rappelant que le clergé était mêlé au Gouvernement de certains cantons, que, d'après la constitution adoptée par le Valais en 1815, l'évêque de Sion avait quatre voix dans la diète du canton, et on serait tenté d'y voir un effet de la réaction anticléricale qui suivit le Sonderbund, si l'on ne trouvait l'explication de cet exclusivisme dans les institutions traditionnelles des cantons les plus religieux : à Zoug, la constitution de 1815, qui déclarait la religion catholique religion du canton, dépouillait les ecclésiastiques de tout droit, non seulement d'éligibilité, mais même de vote.

« La raison alléguée, disent Adams et Cunningham,

c'est la crainte que d'aigres discussions en matière religieuse ne deviennent prédominantes dans la Chambre et n'absorbent le temps qui doit être consacré aux matières politiques ou d'intérêt général. Mais cette exclusion ne s'applique en réalité qu'aux catholiques. Chez eux, en principe, un prêtre demeure toujours prêtre, tandis qu'en Suisse les ecclésiastiques protestants peuvent, en renonçant à leur profession, devenir députés. » C'est ainsi qu'en 1895 un ancien pasteur, Edmond de Steiger, siégeait au Conseil national. Cette renonciation peut n'être que temporaire. « Dans une circonstance récente, écrivaient Adams et Cunningham en 1889, un citoyen appartenant au clergé bernois a résigné ses fonctions, mais seulement pour la période pendant laquelle il conservera son siège à la Chambre de sorte que s'il n'est pas réélu en 1890, il puisse être admis de nouveau à prêcher l'Évangile. »

Il y a des incompatibilités communes aux deux sections de l'Assemblée fédérale. Ainsi nul ne peut faire à la fois partie de deux Conseils, incompatibilité si naturelle qu'elle a été sous-entendue dans nos lois constitutionnelles. La constitution suisse, comme la constitution allemande de 1871, comme la charte portugaise de 1826 et le statut italien de 1848, l'indique expressément. Peut-être cette disposition n'est-elle pas aussi inutile dans les constitutions suisse et allemande que dans les deux autres. En effet, les membres du Conseil des États de la Confédération suisse, comme les membres du Conseil fédéral de l'Empire allemand, sont des représentants d'entités presque nationales. On aurait donc à la rigueur conçu qu'ils pussent siéger dans les deux Assemblées, et il pouvait n'être pas superflu de proscrire le cumul.

Les membres de l'Assemblée fédérale ne peuvent pas non plus faire partie, en même temps, soit du Conseil fédéral, soit du Tribunal fédéral. Quand ils y sont appelés, ils perdent leur siège de député. Le procureur général de la Confédération n'est pas considéré comme faisant partie du Tribunal fédéral, auprès duquel il remplit les fonctions du ministère public. C'est ce qui explique comment M. Scherb, procureur général de la Confédération, a siégé au Conseil des États comme député de Thurgovie.

En revanche, on a considéré comme « membres des autorités fédérales », et par suite comme ne pouvant recevoir ni décoration ni pension d'un gouvernement étranger, les membres de l'Assemblée fédérale. En 1902, Gustave Ador, président du Conseil national, qui avait accepté du gouvernement français, auprès de qui il avait été accrédité comme Commissaire général de Suisse à l'Exposition de 1900, la croix de grand-officier de la Légion d'Honneur, dut donner sa démission.

La constitution fédérale n'établit d'incompatibilité qu'entre les fonctions de membre de l'Assemblée fédérale et des fonctions fédérales, et elle se montre donc moins rigoureuse pour les députés que pour les membres du Conseil ou du Tribunal fédéral. Conseillers ou juges fédéraux ne peuvent remplir aucune fonction, même cantonale. Au contraire, les fonctions de membre de l'Assemblée fédérale n'excluent pas les fonctions cantonales. Non seulement la plupart des membres du Conseil national et du Conseil des États ont grandi dans les honneurs obscurs de quelque canton, et ont fait leur apprentissage politique dans les Grands Conseils et les Gouvernements locaux avant d'être appelés au Parlement fédéral, mais ils continuent généralement d'en faire partie.

Chaque canton est libre d'ailleurs d'établir des incompatibilités entre les fonctions cantonales et les fonctions fédérales. Le canton de Vaud a établi une incompatibilité entre les fonctions de député fédéral et celles de juge ou conseiller d'État, ou haut fonctionnaire du canton, et le demi canton de Bâle-Ville a interdit à plus de deux des sept membres de son Conseil exécutif de faire à la fois partie de l'Assemblée fédérale.

Les membres du Conseil national sont soumis a des incompatibilités spéciales.

Il y a incompatibilité entre les fonctions de membre du Conseil national et celles auxquelles nomme le Conseil fédéral. Les candidats qui, au moment du scrutin, remplissent une de ces fonctions, doivent opter aussitôt après l'élection.

Les titulaires des grades élevés de l'armée, les colonels et les lieutenants-colonels sont désignés par le Conseil fédéral. Il semblerait donc que les officiers supérieurs ne pussent siéger à la Chambre populaire. Or, il n'en est rien, et de nombreux membres de l'État-major fédéral siègent au Conseil national. C'est que, aux termes de la constitution, la Confédération n'entretient pas de troupes permanentes. Les commandements ne sont que des fonctions éventuelles, et, puis qu'ils ne les exercent pas, rien n'empêche ceux qui en sont investis de faire partie des assemblées politiques.

Le général en chef est nommé, non par le Conseil fédéral, mais par l'Assemblée fédérale elle-même: rien ne ferait donc obstacle a ce qu'il fût en même temps conseiller national.

Le Conseil des États et le Conseil national vérifient les pouvoirs de leurs membres.

Vérification des pouvoirs.

Les membres des Chambres prêtent un serment presque identique déterminé par le règlement et renouvelé du serment des membres de la Diète. En voici les formules telles que les donne M. Reynaert dans son ouvrage sur *la Discipline parlementaire*. Au Conseil national le serment porte : « En présence de Dieu tout-puissant, je jure d'observer et de maintenir fidèlement la constitution et les lois fédérales, de sauvegarder l'unité, l'honneur et l'indépendance de la patrie suisse, de défendre la liberté et les droits du peuple et des citoyens, enfin de remplir scrupuleusement les fonctions qui m'ont été confiées. Aussi vrai que je le désire, que Dieu m'assiste. » Au Conseil des États il est ainsi conçu : « En présence de Dieu tout-puissant, je jure de sauvegarder l'unité, l'honneur de la patrie suisse, de défendre la liberté, la souveraineté et les droits du peuple, et de maintenir fidèlement la constitution et les lois fédérales, enfin de remplir scrupuleusement les fonctions qui m'ont été confiées. Aussi vrai que je le désire, que Dieu m'assiste. »

Serment.

Les difficultés qui devaient soulever en 1880 et 1881 de si retentissants débats à la Chambre des Communes d'Angleterre, et qui naissaient du caractère religieux du serment, s'étaient présentées cinq années auparavant dans les deux Chambres de l'Assemblée fédérale. On sait que la Suisse est un des plus ardents foyers du rationalisme européen et de la libre pensée cosmopolite. L'article 49 de la constitution de 1874, article qui ne figurait pas dans la constitution de 1848, porte : « L'exercice des droits civils et politiques ne peut être restreint par des prescriptions ou des conditions de nature ecclésiastique ou religieuse, quelles qu'elles soient ». Appliquant ce principe dans le domaine judiciaire, la loi du 27 juin 1874 avait décidé que les magistrats fédéraux aux convictions desquels répugnerait le serment pourraient se borner à une promesse solennelle. Les Chambres n'eurent qu'à se conformer à la règle constitutionnelle. Le 8 mars 1875, le Conseil des États permit de substituer une simple promesse au serment, et, le 8 décembre 1875, le Conseil national supprima les parties expressément déistes, le commencement et la fin : « En présence de Dieu tout-puissant », et « aussi vrai que je le désire, que Dieu m'assiste » et remplaça les mots « je jure », par « je promets solennellement » pour tous ceux qui, par scrupule de conscience, déclineraient le serment.

Élections partielles.

Quand une vacance se produit, on procède à de nouvelles élections. Toutefois, si c'est un conseiller national qui vient à manquer, et que le renouvellement intégral soit « sur le point d'avoir lieu », il n'est remplacé qu'aux élections générales. Si un membre du Conseil national donne sa démission, « il est tenu d'assister aux séances jusqu'à l'élection de son successeur. »

Les membres du Conseil national sont seuls payés par la Caisse fédérale. Ils ont des frais de voyages et touchent vingt francs par séance. Ils perdent leur émolument s'ils ne sont pas présents au contre-appel sans excuses valables. Les membres du Conseil des États sont indemnisés par les cantons.

Chez la plupart des peuples, les immunités parlementaires garantissant l'indépendance des représentants du pays sont inscrites dans la constitution. C'est l'inviolabilité qui ne permet ni arrestation ni poursuites sans l'autorisation de la Chambre dont le représentant fait partie ; c'est l'irresponsabilité qui ne permet aucune poursuite à raison des discours tenus au sein du Parlement. En Suisse, les règles sont moins solennelles : ce n'est pas la constitution, c'est une loi, la loi du 23 décembre 1851, qui détermine les immunités parlementaires Aux termes de cette loi, aucune poursuite ne peut, au cours des sessions. avoir lieu contre les membres pour des faits étrangers à leurs fonctions, sans l'autorisation du Corps dont ils font partie ; aucune arrestation d'un membre de l'Assemblée fédérale ne peut être opérée sans le consentement du Conseil dont il est membre. En cas de flagrant délit, cependant, la police peut procéder à une arrestation subordonnée encore à la ratification des autorités fédérales. Quant à l'irresponsabilité, la Suisse, comme plusieurs autres pays, Suède, Norvège, Danemark, Pays-Bas, qu'indique M. Pierre dans son *Traité de droit politique*, ne l'admet pas : les crimes ou délits qui sont commis dans l'exercice de fonctions parlementaires donnent lieu à une répression, mais à une répression poursuivie par une procédure spéciale que nous examinerons à propos des fonctions judiciaires des Assemblées.

Bureaux.   Chaque Chambre a un président, un vice-président et des scrutateurs, au nombre de deux dans le Conseil des États et de quatre dans le Conseil national. Le président n'est élu que pour une session ordinaire ou extraordinaire. Il peut appartenir à tous les partis et même à la minorité. Un conservateur catholique, Zemp, a été, aussi bien que des radicaux tels que Deucher et Stockmar, président du Conseil national. De Schaller et de Torrente, conservateurs catholiques, ont été à la tête du Conseil des États comme un radical Jordan Martin. Mais des précautions ont été prises pour empêcher une personnalité ou un canton de se perpétuer dans un poste aussi important. Ainsi au Conseil national quand on a été président pendant une session ordinaire, on ne peut être, à la session suivante, ni président, ni vice-président, et on ne peut être vice-président pendant deux sessions ordinaires consécutives. Ainsi, au Conseil des États, ni le président, ni le vice-président ne peuvent être choisis parmi les députés du canton qui a fourni le président à la session ordinaire précédente. Les députés d'un même canton ne peuvent être vice-présidents pendant deux sessions ordinaires consécutives. Ces dispositions constitutionnelles n'empêcheraient pas le choix du président et du vice-président parmi les députés d'un même canton. Mais la coutume est venue compléter la loi. Dans les deux Cham-

bres, comme dans le Conseil fédéral, il est de règle
que le vice-président devienne président l'année
suivante : il doit donc, au moins au Conseil des
États, être choisi dans un autre canton que le président. Dans les deux Chambres le président décide
en cas de partage : il participe aux élections comme
les autres membres.

Chaque Chambre vote librement son règlement.

Il y a dans les Assemblées suisses deux sortes de
Commissions : les Commissions passagères et les
Commissions permanentes.

Les Commissions passagères sont chargées de l'examen d'un projet spécial. Elles sont nommées, dans le
Conseil national, au scrutin de liste ou par assis et
levé ; dans le Conseil des États, au scrutin secret ou
à mains levées. M. Vergniaud, qui indique ces deux
formes en signale une troisième commune aux deux
Assemblées : la Chambre peut renvoyer au bureau le
soin de les composer. Cette dernière forme rappelle,
à une variante près, les usages parlementaires allemands. On sait qu'au Reichtag de Berlin les
Commissions, au lieu d'être élues, sont formées,
non par le bureau mais par le président qui y fait
entrer un nombre de représentants de chaque groupe
proportionné à son importance. S'il faut en croire
certains publicistes français, la composition des
Commissions serait en Suisse réglée avec la plus lou-
able impartialité et les partis d'opposition y seraient
admis dans une mesure équitable.

Les Commissions helvétiques présentent encore
un trait original. C'est le premier membre nommé qui

est de droit président de la Commission. Comme pour le Conseil fédéral, ce n'est pas le corps élu, c'est le corps électoral qui désigne le président.

Adams et Cunningham signalent une autre particularité. Quand la Commission est unanime, il n'y a qu'un rapport. Mais, lorsqu'il y a dans son sein une majorité et une minorité, le parti vaincu présente un rapport spécial dit rapport de minorité. Cette dualité de rapports qui était en usage dès avant 1874 dans certains cantons, à Genève, par exemple, n'est pas propre à la Suisse. A l'époque où les îles Sandwich, encore indépendantes, étaient soumises à la constitution parlementaire du 20 août 1864, il était d'usage de faire entrer, dans les Comités permanents correspondant aux départements ministériels, et formés chacun de trois commissaires, un des chefs de la minorité avec deux membres de la majorité. « En même temps que la majorité de la Commission dépose son rapport, dit M. Charbonnier dans son livre, *Organisation électorale et représentative de tous les pays civilisés*, le membre de l'opposition peut remettre à la Chambre un rapport spécial dit d'opposition, qui reçoit la même publicité et est discuté contradictoirement avec celui de la majorité. »

Les Chambres suisses ne tiennent qu'un nombre limité de séances. Ainsi, en 1902, où les Chambres ont été particulièrement actives, elles n'ont tenu en tout, le Conseil national que quatre-vingt huit séances, le Conseil des États que soixante dix-sept, et l'Assemblée fédérale que six. Aussi est-il bon que le travail se trouve préparé dans l'intervalle des sessions.

Les Commissions nommées siègent et travaillent pendant les vacances. L'article 50 de la loi du 9 octobre 1902 porte : « Les présidents des deux Conseils veillent à ce que les Commissions préparent pour chaque session un nombre suffisant d'affaires. » Mais une mesure nouvelle peut devenir nécessaire : dans le cas où le Conseil fédéral déclare un objet particulièrement urgent, les présidents peuvent, dans l'intervalle des sessions, faire nommer les Commissions par les bureaux et les faire entrer en fonctions. De la sorte les Chambres à l'ouverture de la session trouvent la question toute élucidée.

La Commission chargée d'examiner la gestion du Conseil fédéral est élue à la session de décembre. Le compte de gestion lui est remis imprimé un mois au moins avant l'ouverture de la session de juin où le rapport doit être fait.

Parmi les Commissions permanentes il y en a trois principales nommées pour un an.

La première est la Commission des Pétitions ; elle est composée de cinq membres au moins.

La seconde est la Commission des Finances. C'est à elle qu'est renvoyé l'examen du budget, des crédits supplémentaires et du compte d'État. A la différence des autres commissions, elle nomme elle-même son président. Nul ne peut faire partie de la Commission des Finances plus de six ans de suite. Serait-ce encore ici une réminiscence de notre constitution de l'an III, qui interdisait de faire partie du Corps législatif pendant plus de six années consécutives?

La troisième est la Commission du budget et des

comptes de la régie des alcools. La loi du 23 décembre 1886 a établi le monopole des alcools, dont les produits ne tombent pas dans la caisse fédérale, mais sont répartis entre les cantons au prorata de leurs populations.

Les Chambres sont libres d'établir des Commissions pour toute la durée d'une législature.

Siège. Les deux Assemblées siègent à Berne dans le nouveau palais fédéral construit dans le style du palais Pitti de Florence et inauguré en 1902. « Le 1er avril, écrit M. Secretan, le 1er avril par un gai soleil les députés du peuple suisse et les envoyés des États confédérés ont inauguré le palais du Parlement dont la coupole, dressée en face du décor blanc des Alpes bernoises, domine de sa croix d'or les deux anciens palais de l'administration fédérale, les toits pittoresques de l'ancienne ville de Berne et la courbe verte de l'Aar. Au son des cloches, du canon et des fanfares et parmi la foule, le Parlement et le Conseil fédéral, précédés de leurs huissiers aux grands manteaux rouges et blancs, se sont rendus en cortège de l'ancienne salle du Conseil national à l'édifice qu'un architecte avisé, aidé d'artistes nombreux et de huit millions de francs, venait de terminer. Le Président de la Confédération et les porte-parole des Chambres ont célébré dans leurs discours les libertés et la prospérité nationales manifestées aux yeux de tous par le palais qui remplace la modeste maison d'autrefois. Cette dernière ne forme plus aile de l'édifice dont la façade totale a un développement de trois cents mètres.

« Dans la salle du Conseil national une grande peinture décorative du peintre Ch. Girou, un Genevois qui débutait il y a quelque vingt ans à Paris, évoque un paysage de la Suisse primitive, le lac des Quatre-Cantons, la contrée de Schwitz dorée par le premier automne et la prairie sacrée du Grutli où la tradition veut qu'il y a six siècles des pâtres fondèrent l'État réputé aujourd'hui la plus ancienne République du monde. »

Il y a en principe une session ordinaire par an, mais Sessions. cette session a été scindée dès longtemps en deux parties : la première s'ouvre le premier lundi de juin, la seconde le premier lundi de décembre. C'étaient aussi les époques où se réunissait le Grand Conseil de Zurich, d'après la constitution cantonale de 1815 dont nous avons déjà signalé d'autres traits de ressemblance avec la constitution fédérale.

Ce dédoublement des sessions ne suffit du reste plus à l'activité croissante des pouvoirs fédéraux. Nombre de motions restent en souffrance. Un postulat du 29 juin 1901 vise l'opportunité qu'il y aurait à établir un tableau des postulats et motions non liquidés, actuellement soumis aux Chambres. Aussi les deux sessions ont-elles dû elles mêmes se dédoubler. En 1902, par exemple, il n'y eût pas moins de quatre sessions : seconde session ou — pour employer l'expression suisse, — suite de la session d'hiver, du 1er au 26 avril; session d'été, en juin; suite de la session d'été, du 29 septembre au 11 octobre; première partie de la session ordinaire d'hiver, en décembre. Les Chambres purent ainsi voter huit lois, dont quelques-unes très importantes, et dix-sept arrêtés et adopter une dizaine de postulats.

Le Conseil fédéral peut encore convoquer l'Assemblée fédérale en session extraordinaire dans les circonstances graves : il est tenu de le faire dès que le quart des membres du Conseil national ou cinq cantons le demandent.

Quorum. La présence de plus de la moitié des membres est nécessaire pour qu'une Assemblée délibère valablement ; mais la majorité absolue des votants suffit pour que l'Assemblée puisse prendre une résolution. Dans des assemblées aussi restreintes que celles de la Suisse, la préoccupation du *quorum* est un des soucis de ceux qui sont appelés à diriger les travaux parlementaires. Aussi, un membre qui sollicite du président de la Chambre dont il fait partie un congé de quelques jours, peut-il se voir prier de surseoir à son départ, s'il y a lieu de craindre que son éloignement n'empêche d'atteindre le *quorum*.

L'assistance aux séances est obligatoire, et tout membre qui s'absente doit faire connaître les motifs de son absence. Chaque séance commence par un appel nominal qui est renouvelé en cas d'insuffisance des présents. Les membres du Conseil national qui ne se présentent pas dans la première heure de l'appel ou au réappel, sans excuses admises par le président, sont privés de leur émolument.

Séances. Les séances sont publiques. Tout député, tout conseiller fédéral peut demander le huis clos. Mais la demande d'un député n'est mise en délibération que si elle est appuyée par dix de ses collègues au Conseil national et par cinq au Conseil des États.

Les membres des deux assemblées doivent siéger vêtus de noir ; cette disposition est un souvenir du mécontentement qu'excita chez les simples habitants de l'Helvétie le luxe des costumes dont se drapèrent les législateurs de l'époque révolutionnaire. On sait l'importance que la Convention attachait aux costumes des autorités qu'elle avait instituées par la constitution de l'an III, et les démocrates suisses avaient emprunté à la France, non seulement les règles de son Siéyès, mais encore les modèles de son David.

Le Conseil national se réunit à huit heures du matin, du 1er mai au 31 octobre, à neuf heures du matin, du 1er novembre au 30 avril. Les séances durent normalement cinq heures ; les séances de « relevée », c'est-à-dire de l'après-midi, sont très rares, et correspondent à nos séances de nuit.

Au Conseil national, la lecture des discours écrits est interdite. On sait que M. de Morny avait, sans succès, tenté de la proscrire au Corps législatif du Second Empire. Les membres des deux Conseils parlent de leur place : au Conseil national, ils parlent debout ; au Conseil des États, ils parlent assis. Au Conseil national, le même orateur ne peut prendre plus de trois fois la parole sur le même sujet. Au Conseil national la clôture ne peut être prononcée que sur la demande de deux tiers des membres : encore ne peut-elle être adoptée tant qu'un orateur qui n'a pas encore pris la parole demande à formuler une proposition. Au

Conseil des États, le président ne prononce la clôture que lorsque personne ne demande plus la parole.

Le vote a lieu, au Conseil national par assis et levé ; au Conseil des États à mains levées. Dans les deux Chambres, s'il y a partage, le président vote en donnant s'il le veut de sa place les motifs de son vote.

Le président a la police de l'Assemblée dont il dirige les débats. Il peut, au Conseil des États, rappeler à la question l'orateur dès qu'il s'écarte du sujet, et au Conseil national seulement quand il s'en écarte trop ; il peut rappeler à l'ordre l'orateur qui viole les convenances parlementaires ou se permet des expressions offensantes pour l'Assemblée ou quelques-uns de ses membres ; si l'orateur proteste, la décision finale est laissée à l'Assemblée.

D'ailleurs, les séances sont peu agitées. « Le Conseil national, dit M. Sentupéry, — et ses observations s'appliquent avec une force plus grande encore au Conseil des États, plus rassis et moins nombreux, — le Conseil national est une assemblée très calme, très posée, très sérieuse. Les orateurs sont consciencieusement écoutés, qu'ils parlent français ou allemand. Ils sont rarement applaudis, jamais interrompus. Les redondances oratoires ne sont point goûtées et l'on n'apprécie que ceux qui parlent sobrement de ce qu'ils savent et ne font point de longs discours. Toute attaque personnelle serait immédiatement réprimée par le président, et les rapports des députés entre eux sont presque toujours empreints de la plus grande cordialité, sans que les divergences politiques nuisent aux relations personnelles. »

La rareté des manifestations leur donne un prix particulier : aussi a-t-on remarqué les bravos qui en 1905 saluèrent au Conseil national l'exposé que fit M. Huber des principes du projet de Code civil.

La Suisse est un des pays polyglottes de l'Europe. On sait combien la question des idiomes agite la mosaïque d'États qui constitue la monarchie austro-hongroise. La jalousie linguistique existe aussi en Belgique où les documents officiels sont rédigés en flamand et en français, dans la Pologne et dans l'Alsace-Lorraine où la lutte des dialectes n'est qu'une forme de la lutte des nationalités. En Suisse, la Confédération n'a pas moins de trois langues officielles : l'allemand, le français, l'italien, sans compter le romanche et le latin en usage dans quelques vallées rhétiques et qui sont, comme l'allemand et l'italien, langues officielles du canton des Grisons. Au Conseil national on a l'habitude de ne se servir que de l'allemand ou du français. et au Conseil des États un article du règlement fait même de cet usage une obligation. Au Conseil national, le secrétaire est assisté d'un interprète ou traducteur qui doit traduire les actes et les propositions toutes les fois qu'un membre le demande. De plus, au commencement de chaque débat, il y a un double rapport en français et en allemand. D'ailleurs presque tous les membres parlent également l'allemand et le français. Si Ceresole était considéré comme le premier orateur de langue française de la Suisse, Denichert et Stockmar se sont fait une réputation d'orateurs dans les deux langues. Les Tessinois s'expriment généralement en français, et l'un des chefs du parti radical dans ce canton, Leone di Stopani, s'était acquis une notoriété d'orateur dans la langue française comme dans la langue italienne.

A l'origine il n'y avait pas de compte rendu complet des débats parlementaires, « La Confédération helvétique, disait M. Georges Dubois, à la Société de législation comparée en 1876, n'a point de journal officiel. Il existe une feuille semi officielle, le *Bund*, qui publie des comptes rendus simplement analytiques, mais généralement fort exacts des débats de l'Assemblée fédérale. Cette Assemblée fait imprimer un certain nombre de documents parlementaires (rapports, enquêtes, etc.) qui sont distribués aux membres des deux Conseils législatifs, ainsi qu'aux légations et aux agences consulaires, mais qui ne se vendent pas en librairie. » Il se publie bien à Berne depuis 1848 une *Feuille fédérale de la confédération Suisse;* mais, comme en Angleterre la *Gazette de Londres,* elle ne contient que les documents officiels. Cependant à l'occasion du projet, qui devint la loi du 22 Août 1878, accordant des subventions aux chemins de fer des Alpes, projet qui soulevait de vifs débats, on organisa un service spécial de sténographie. Par un arrêté du 24 juin 1889 l'Assemblée fédérale invita le Conseil fédéral à présenter un rapport sur la publication des procès-verbaux des Chambres depuis 1874 et sur les modifications à apporter à la façon dont ils étaient rédigés. En 1890, les deux Conseils, tout en repoussant la création d'un compte rendu in-extenso, chargèrent le Conseil fédéral de veiller à la rédaction de procès-verbaux substantiels. Enfin, la loi du 9 Octobre 1902 dans son article 17 porte : « Les délibérations sur les lois fédérales et les arrêtés fédéraux, d'une portée générale, sont sténographiées dans les deux Chambres. Chaque Conseil peut aussi faire sténographier ses délibérations sur d'autres objets. » Il se publie maintenant un *Bulletin sténographique officiel de l'Assemblée fédérale suisse.*

Le Conseil fédéral n'a le droit ni de proroger ni de dissoudre les Chambres fédérales. Aucune des deux ne peut se dissoudre ou se proroger sans le consentement de l'autre. Une suspension de trois séances n'est pas réputée une prorogation.

Il existe dans plusieurs cantons qu'indique M. Dunant, Argovie, Berne, Lucerne, Schaffouse, Soleure, Thurgovie et dans le demi canton de Bâle-campagne, ce que M. de Saint-Girons appelle « une forme très originale de dissolution » Les électeurs ont le droit, par une sorte de referendum, de révoquer le Grand Conseil avant le terme de son mandat. M. Carteret proposa, en 1871, au Conseil national d'introduire dans la constitution un article ainsi conçu : « Lorsque 30.000 citoyens ayant le droit de voter en feront la demande, on posera aux électeurs la question du renouvellement de l'Assemblée fédérale. » Mais cette proposition, combattue par M. Scherer, fut repoussée par 61 voix contre 58. D'après M. Dubs, le Conseil fédéral devrait recevoir la faculté de proposer au peuple le renouvellement de l'Assemblée fédérale : dans ce système, le peuple jouerait en Suisse le rôle qui est en France dévolu au Sénat.

Fonctions.

Les deux Chambres ont des attributions législatives, diplomatiques, financières, exécutives, contentieuses et judiciaires.

Fonctions législatives.

Elles ont des attributions législatives. Le droit d'initiative — et pour toutes les lois — appartient aux deux Conseils et à chacun de leurs membres. Il appartient aussi aux cantons qui peuvent l'exercer par correspondance en recourant à l'intermédiaire du Conseil fédéral. Enfin, comme nous l'avons vu, le Conseil fédéral — et c'est, on peut le remarquer, la reproduction presque textuelle d'une disposition de la constitution américaine — le Conseil fédéral, comme le Président des États-Unis, peut recommander les mesures qu'il croit utiles à l'accroissement de la prospérité du pays.

Dans la plupart des constitutions, c'est le Gouvernement qui préside à la distribution du travail entre les deux Chambres, en les saisissant des projets qu'il présente. En Suisse, ce sont les présidents des deux Conseils qui se concertent, à la veille de chaque session, pour la répartition des objets de discussion, et leur décision est soumise aux Conseils à la première ou à la seconde séance.

En cas d'urgence, ce sont les présidents qui, de même qu'ils désignent les commissaires, règlent définitivement la répartition des projets, ou, comme on dit en Suisse, la priorité.

Si les deux Chambres, ou, en cas d'urgence, les deux présidents, ne peuvent s'accorder sur la question de priorité, c'est le sort qui tranche le débat.

On distingue en Suisse, comme en France, entre les

propositions formulées par un membre et les projets présentés par le Gouvernement.

Lorsqu'une motion a été faite dans le sein d'un des Conseils, et que ce Conseil ou l'autre — car elle peut être soumise d'abord à la Chambre dont son auteur ne fait pas partie — refuse de la prendre en considération ou la rejette après discussion, elle est écartée jusqu'à ce que l'expiration du délai réglementaire permette de la représenter, sans qu'il y ait besoin de notifier à aucun pouvoir l'échec qu'elle a subi.

Lorsqu'un projet, au contraire, est présenté par le Conseil fédéral, l'Assemblée qui en est la première saisie doit, si elle le rejette, notifier le rejet à l'autre Conseil.

Lorsqu'une proposition, motion de membre ou projet du Gouvernement, a été discutée et adoptée par un Conseil, le président et le secrétaire signent le texte tel qu'il a été délibéré, et le transmettent avec une lettre d'envoi à l'autre Conseil.

Le Conseil auquel il est renvoyé peut l'adopter, le rejeter ou l'amender.

S'il l'adopte, le projet devient loi. M. Vergniaud indique que la déclaration d'adhésion est donnée au bas de la proposition même par le président et le secrétaire.

S'il le rejette, il doit informer l'autre Conseil de sa décision.

Enfin s'il l'amende, le projet revient devant le Conseil premier saisi : celui-ci, à moins que les amendements ne remettent tout en question ou que les Commissions des deux Conseils ne demandent un débat général, ne peut délibérer que sur les divergences. Le projet fait ainsi, suivant l'expression consacrée, la navette entre les deux Conseils jusqu'à ce que les Assemblées tombent d'accord sur un texte commun ou qu'elles déclarent persister dans leurs divergences.

Tombent-elles d'accord? C'est le texte commun qui devient loi.

Déclarent-elles persister dans leurs divergences? Les commissions des deux Conseils se réunissent en conférence pour chercher un terrain d'entente. La conférence présente un texte transactionnel qui ne comporte aucun amendement et qui est soumis d'abord au Conseil qui a eu la priorité.

Si ce texte est adopté par les deux Chambres, il devient loi.

Si, au contraire, il ne rallie pas la majorité dans les deux Assemblées, le projet est réputé rejeté.

Tel est le système consacré par la loi du 9 octobre 1902 qui n'a guère fait sur ce point que reproduire les dispositions de la loi du 22 décembre 1849.

Au Conseil national, il n'y a qu'une délibération, mais l'Assemblée peut décider de revenir sur certains articles; au Conseil des États, il n'y a aussi qu'une délibération, mais, après la délibération sur les articles, la Chambre peut décider qu'il y aura une discussion sur l'ensemble. On a adopté des règles spéciales pour la discussion du Code civil qui s'élabore en ce moment. « La procédure parlementaire, dit M. Secretan, a été modifiée de façon à protéger

l'unité de l'œuvre contre les amendements insidieux
qui pourraient la rompre à la faveur d'une majorité de
hasard. On ne discute pas article par article, mais
chapitre par chapitre ».

On s'est souvent plaint en France et en Belgique de
l'imperfection de la rédaction des lois. MM. de Saint-
Girons et Louis Michon en France, M. Edmond Picard
en Belgique, ont signalé l'insuffisance du mécanisme
parlementaire au point de vue de ce qu'on pourrait
nommer le « raffinage législatif ». M. Picard dit même
avoir entendu raconter qu'en Belgique, « lorsqu'on a
transcrit le Code pénal perfectionné sur le parchemin
législatif, chargé de conserver les tables de nos lois,
on s'est aperçu de tant de petites misères, contradictions, péchés de rédaction, menues sottises, coquilles
et autres gentillesses, qu'on a cru sinon légal, du moins
décent, de corriger, gratter et réparer dans la mesure
du possible sans plus recourir à une législature dis-
traite ou impuissante ». Tous ces auteurs réclament
l'intervention d'un Corps particulier, Conseil d'État
ou Comité spécial de législation, sorte de syndicat de
vernisseurs parlementaires appelés à poncer le travail
des Assemblées.

Autrefois, nous l'avons vu, en matière de droit privé,
les Conseils, en Suisse, renvoyaient le projet pour
rédaction au Conseil fédéral avant de le voter définitivement et c'était le Conseil fédéral qui en arrêtait le
texte. La loi du 9 octobre 1902 a modifié et généralisé
cette procédure. Après la fin des délibérations dans
le Conseil saisi en second lieu, et avant le vote final,
tout projet est soumis à une Commission spéciale, dite

Commission de rédaction. Cette Commission est composée des rapporteurs des deux Commissions, du second Vice-Chancelier et des traducteurs des deux Conseils. Les secrétaires des deux Conseils y sont admis et peuvent présenter par écrit leurs remarques et leurs observations. Cette Commission, arrête les textes allemands et français, en assure la conformité, et met la nouvelle loi en concordance avec les lois en vigueur. Elle ne peut opérer que des modifications de pure forme et ne peut changer le fond des décisions prises. Le texte, ainsi élaboré, est soumis au vote définitif des deux Conseils : l'approuvent-ils, il devient loi; l'un des deux le rejette-t-il, le projet est écarté. Le texte italien est arrêté par une Commission spéciale composée d'un membre du Conseil national et d'un membre du Conseil des États de langue italienne, du second Vice-Chancelier, ou d'un haut fonctionnaire sachant l'italien et du traducteur. Les membres des Conseils appelés à en faire partie sont désignés par le président pour toute la législature.

Fonctions financières. La plupart des chartes monarchiques du commencement du xixe siècle obligeaient, conformément aux usages britanniques, à soumettre d'abord toutes les lois d'impôt à la Chambre basse, et attribuaient à l'Assemblée populaire un droit de priorité, en ce qui concerne les projets d'ordre financier. Plusieurs constitutions modernes, et notamment celles de l'Autriche, de la Hongrie, de l'Allemagne, de la Suède et la plupart de celles des États de l'Union américaine ont supprimé ce privilège traditionnel de la Chambre

démocratique et établi la parfaite égalité des deux
Assemblées. Cette égalité a été consacrée en Suisse
par la constitution de 1848. Cette solution semble
bien la solution rationnelle. « La pratique anglaise,
dit M. Esmein, repose non seulement sur cette idée
que toutes les lois de finances diffèrent profondément, quant à leur nature, des lois ordinaires, mais
encore sur cette autre idée que le pouvoir de con-
sentir les subsides qu'elles contiennent n'appartient
qu'à la Chambre populaire; et cette dernière thèse
n'a pu se faire recevoir et se maintenir que grâce à
la composition aristocratique de la Chambre des
Lords. Celle-ci ne peut se faire accepter comme le
véritable représentant des contribuables. Mais là où
les deux Assemblée sont électives et surtout lorsqu'elles ont l'une et l'autre à la base le suffrage universel, il n'y a plus aucune raison pour établir entre
elles aucune différence fondamentale, quant au vote
des lois de finances, pas plus que pour l'exercice du
pouvoir législatif ordinaire. »

La procédure en matière financière est exactement
la même qu'en matière législative. « Chaque année,
dit M. Ernest Roguin dans une note *Sur les attributions financières des Chambres fédérales suisses*, qu'il
présenta à la session extraordinaire de la Société
de législation comparée tenue en 1889, chaque année
dans la session d'été le projet de budget pour l'exercice
suivant est communiqué par le Conseil fédéral aux
deux Chambres, qui nomment chacune une Commission pour l'examiner, et la décision a lieu au mois de
décembre suivant. En vertu d'un usage qui pourrait

être modifié sans enfreindre la constitution, mais qui est observé précisément pour maintenir la parfaite égalité de droits des deux fractions de l'Assemblée fédérale, chacune d'elles a, à tour de rôle, la priorité pour les délibérations budgétaires. Celle qui ne l'a pas une certaine année, l'aura la suivante. Une autre alternance est aussi introduite entre les deux Chambres à propos de la discussion de la gestion et des comptes de l'année écoulée, de façon à ce que celle des deux, saisie la première de cet examen, se voie, la même année, préférer l'autre pour le budget de l'exercice suivant.

« L'égalité est ainsi maintenue aussi parfaite que possible entre les deux Conseils.

« Au surplus, la discussion du budget se fait exactement comme celle d'une autre loi quelconque. Chacune des deux Chambres peut, par exemple, proposer le rétablissement d'un crédit supprimé ou la suppression d'un crédit voté par la première saisie du budget et déclarer maintenir sa décision. Le crédit est alors, dans les deux hypothèses définitivement écarté, puisque, en cas de désaccord, on reste dans le *statu quo* et que ce dernier est l'absence du crédit. »

M. Morizot-Thibault, dans son livre *Des Droits des Chambres Hautes ou Sénats en matière de lois de finances*, a très clairement montré le jeu des principes formulés par M. Roguin. « Si le Conseil national, dit-il, saisi en premier lieu du budget s'abstient de voter un impôt annuel, et que le Conseil des États le rétablisse, l'impôt sera écarté pour la durée de la loi budgétaire : car en cas de conflit sur un impôt annuel, l'ordre naturel est de le considérer comme inexistant tant qu'il n'aura pas été voté par les deux Assemblées. Mais le Conseil des États obtenant l'année suivante la priorité de la loi de finances, pourra, d'accord avec le Gouvernement, rétablir l'impôt. Le Conseil national l'emportera encore s'il ne ratifie pas le crédit; mais comme le Conseil des États pourrait alors supprimer lui-même des crédits favorables aux yeux de la Chambre basse, il arrivera que cette Assemblée sera contrainte de céder par la nécessité d'un accord. Bien des choses auraient été compromises qui seront sauvées. »

Au point de vue diplomatique, ce sont les deux Conseils qui votent les alliances et les traités avec les États étrangers. On sait que les traités des cantons entre eux ou avec les États étrangers ressortissent en principe au Conseil fédéral. Mais lorsque le Conseil fédéral, ou un autre canton élève des réclamations, le débat est porté devant les Conseils. La guerre ne peut être déclarée ni la paix conclue que par un vote des deux Chambres.

Fonctions diplomatiques.

Les fonctions exécutives des Chambres consistent principalement dans leur influence sur la marche du Gouvernement. Nous avons examiné comment s'exerçait cette influence. Qu'il nous suffise de rappeler que ce sont les Chambres qui désignent le général en chef de l'armée fédérale. La constitution de 1848 leur donnait même en outre la désignation du chef de l'état-major général, mais la constitution de 1874 leur a enlevé cette dernière attribution.

Fonctions exécutives.

Ce sont les Chambres qui statuent sur les réclama-

Fonctions contentieuses.

tions contre les décisions du Conseil fédéral relatives à des contestations administratives.

Fonctions judiciaires. Une loi du 9 décembre 1851 règle les attributions judiciaires des Chambres. Les Chambres peuvent décider l'ouverture de poursuites contre le Président de la Confédération, les membres du Conseil fédéral, et les autres fonctionnaires nommés par elles enfin leurs propres membres pour crime ou délit « en ce qui concerne la gestion de l'office ». La proposition, après avoir été communiquée à l'intéressé, est soumise aux deux Chambres, et est, dans chacune d'elles, l'objet d'une prise en considération. Quand les poursuites sont dirigées contre un député, la proposition doit être portée d'abord au Conseil dont il fait partie. Si une des deux Chambres refuse de la prendre en considération, les poursuites sont abandonnées. Si les deux Chambres prennent la proposition en considération, une commission est dans chacune d'elles nommée par la voie du sort et doit présenter un rapport. Ce rapport doit être communiqué à l'intéressé vingt-quatre heures avant la discussion et ne peut être discuté que six jours après la prise en considération ; si, à la suite des rapports, les deux Chambres votent les poursuites, le Tribunal fédéral est saisi de l'affaire et les deux Chambres réunies en Assemblée fédérale nomment le Procureur général chargé de soutenir l'accusation.

II

LA CHAMBRE FÉDÉRALE

Dans le parlement des États fédéraux, le pas Rang.
appartient d'ordinaire, à la Chambre qui représente
l'élément particulariste, à la Chambre fédérale. Elle
doit sa primauté à l'ancienneté, à l'aînesse, pour ainsi
dire, des éléments qui la composent. Si, suivant le mot
de Royer-Collard, la Commune est antérieure à l'État,
chacun des États d'une fédération est, en général,
préexistant à l'Union. En Suisse, les cantons sont
bien plus vieux que la Confédération ; et cependant,
par une bizarrerie peut-être unique, c'est la Chambre
unitaire, le Conseil national qui a le pas sur la Chambre
fédérale, le Conseil des États : c'est elle qui fournit le
bureau du congrès des deux Chambres, de l'Assemblée fédérale. On ne saurait donc parler ici de Chambre haute et de Chambre basse, ou, si l'on en parlait,
il faudrait intervertir l'application ordinaire de ces
vocables. Aussi est-il préférable de désigner simplement ces Assemblées par les noms de Chambre fédérale et de Chambre unitaire.

La Chambre fédérale est le Conseil des États. Dénominat
Caractèr

Il représente les intérêts particularistes et symbolise
la perpétuité des cantons historiques au sein de l'unité
nationale.

Il constitue en outre, comme l'indique M. Morizot-

Thibault, le frein nécessaire du Conseil national qui, Chambre unique, eût tout envahi, comme l'Assemblée législative unique avait dans chaque canton fini par out absorber.

Si le Conseil des États n'a pas, en Suisse, la préséance qui appartient en général, dans les fédérations, à l'Assemblée qui incarne l'idée fédéraliste, il regagne en autorité de bon aloi ce qu'il perd en fausse monnaie de vanité. Nous avons vu, en effet, qu'en matière financière il avait des droits identiques à ceux du Conseil national. M. Demombynes signale même qu'un conflit soulevé entre les deux Chambres en décembre 1879 à l'occasion du Code des obligations et de la loi sur la capacité civile s'est terminé à l'avantage du Conseil des États.

 Le Conseil des États est composé de quarante-quatre députés, soit deux par canton, ou, quand le canton est divisé en deux demi-cantons, un par demi-canton. Le canton d'Uri et ses dix-sept mille habitants a donc autant de représentants que le canton de Berne qui en compte plus d'un demi-million. Chaque députation incarne, en effet, la souveraineté d'un canton.

Ce principe avait été écarté en 1803. L'article 28 de l'Acte de médiation donnait vingt-cinq voix aux dix-neuf cantons, attribuant deux voix aux cantons dont la population dépassait cent mille habitants à Berne, à Zurich, à Vaud, à Saint-Gall, à l'Argovie, aux Grisons. Ce fut l'article 85 du Pacte fédéral de 1815 qui rétablit l'égalité en ne donnant qu'une voix à chacun des vingt-deux cantons.

Le Conseil des États, pas plus, d'ailleurs, que le *Organisation.*
Sénat américain, n'est un congrès de diplomates:
chaque membre y vote librement et sans restrictions
Il ne saurait être lié par aucune instruction. D'ailleurs
les deux députés d'un canton peuvent voter dans
un sens opposé l'un de l'autre. Le fait se produit presque normalement, pour les cantons mixtes, dans les
questions religieuses, quand les deux députés appartiennent à des confessions différentes.

C'est la législation cantonale qui détermine le mode *Élection.*
d'élection au Conseil des États.

Les députés sont nommés par le Grand Conseil
dans les cantons d'Argovie, de Berne, de Fribourg, de
Lucerne, de Neuchâtel, de Saint-Gall, du Valais et
de Vaud. Ils sont nommés par la *Landsgemeinde* dans
les cantons de Glaris et d'Uri, dans les deux demi-
cantons d'Appenzell, Rhodes intérieures et Rhodes
extérieures, et dans les deux demi-cantons d'Unterwald, Obwalden et Nidwalden. Enfin dans les cantons
de Genève, des Grisons, de Schaffhouse, de Schwytz,
de Soleure, du Tessin, de Thurgovie, de Zoug et de
Zurich, dans les deux demi-cantons de Bâle ville et
Bâle campagne, l'élection des membres du Conseil
des États a lieu au suffrage universel de tout le
canton ou demi-canton.

« La tendance, dit M. Sentupéry, la tendance est
de plus en plus de remettre au suffrage universel la
nomination des députés des États ». La même tendance
existe aux États-Unis : la constitution américaine im-
pose bien la nomination des sénateurs fédéraux par
les législatures d'État, mais on arrive à la tourner

ou à la fausser; les candidats à la législature d'État, désignent en effet, les hommes politiques qu'ils porteront au Sénat de l'Union, et la constitution du Nébraska de 1875 permet même aux électeurs d'indiquer les sénateurs qu'ils souhaitent de voir choisir par leurs élus. En revanche, comme le fait observer Vincent, si dans les cantons purement démocratiques, de la Suisse, les cantons à *Landesgemeinde*, les membres du Conseil des États sont élus par l'Assemblée populaire du canton, cette élection au suffrage universel peut passer pour une nomination par la législature puisque l'Assemblée populaire tient essentiellement dans l'organisation gouvernementale de ces cantons la même place que la législature dans l'organisation des États de l'Union américaine.

Durée des pouvoirs et mode de renouvellement. La durée des mandats des membres du Conseil des États est réglée par la législation cantonale. Elle varie de un à trois ans suivant les cantons. Le renouvellement est aussi régi pour chaque canton par sa législation propre.

III

LA CHAMBRE UNITAIRE

La Chambre unitaire est le Conseil national.

Il représente les intérêts centralisateurs et incarne
la notion de la patrie commune.

Le Conseil national se compose d'un député par
vingt mille habitants, plus un député par fraction excédente de dix mille. Le nombre des membres est, de cent soixante sept pour une population que le recensement de 1900 porte à 3,315,000 habitants.

Les députés sont, on le voit, élus, comme en France proportionnellement au nombre des habitants. La présence d'étrangers établis dans une circonscription peut donc grossir le nombre des représentants qui lui est attribué. Cet inconvénient, peu sensible en France où nous n'avions en 1901 que 1,037,778 étrangers sur 38,517,975 habitants, est très marqué en Suisse.

Le recensement de 1900 y comptait 383,424 étrangers sur 3,315,000 habitants, et la proportion était passée de 7,885 %, en 1888 à 11,8 % en 1900.

L'auteur de la *Suisse intime* signale qu'à Genève sur 111,224 habitants il y a 55,607 Genevois, 30,577 Suisses des autres cantons et 45,080 étrangers dont 25,000 Français, et à Lugano sur 10,225 habitants 4,443 étrangers. Aussi un viticulteur vaudois, M. Fonjallaz, et un agriculteur lucernois, M. Hochstrasser, se firent-ils les promoteurs d'une initiative populaire pour une revision partielle et la substitution des mots « population suisse » à « population totale » dans l'article 72 de la constitution de 1874 qui fixe la proportionnalité entre les députés et la population.

Cette proposition qui aurait supprimé 21 sièges fut rejetée par le peuple le 25 octobre 1905. C'était, dit M. Secretan, qui la qualifie d'« entreprise de démagogie rurale », « une tentative pour réduire les députations des circonscriptions urbaines où les étrangers résident de préférence et d'augmenter par contre-coup l'influence numérique des députés des campagnes dans le Parlement ».

D'après le *Statesman's Yearbook* de 1905, il y avait pour les élections du 29 octobre 1899, 758,257 électeurs inscrits sur une population qui était alors de 2,907,754 habitants. 401,781 électeurs seulement prirent part au vote. M. Secretan calculait que de 1881 à 1890 le Conseil national n'avait représenté que de 34 à 40 % des électeurs.

Elections.

Les membres sont élus conformément à la législation cantonale. Toutefois la constitution de 1874 réserve au pouvoir fédéral la faculté de régler d'une manière uniforme l'exercice du droit de suffrage.

Deux fois les Chambres fédérales par la loi du 24 décembre 1874 sur le droit de vote des citoyens suisses et par la loi du 28 mars 1877 sur les droits politiques ont voulu user de cette faculté. Deux fois le referendum a anéanti leur œuvre, et les lois qu'elles

avaient votées ont été infirmées par le suffrage populaire. « Ce refus répété du peuple, dit M. Deploige a laissé
les cantons en jouissance de leur ancienne autonomie :
ils règlent encore aujourd'hui à leur gré l'exercice de
l'électorat. » Toutefois l'article 74 de la constitution
suisse exige pour la participation aux scrutins fédéraux la nationalité suisse et l'âge de vingt ans révolus.
Ainsi est électeur tout citoyen suisse âgé de vingt ans
révolus et qui n'est pas exclu du droit de vote par la
législation du canton où il a son domicile. En fait, le
Conseil national est élu au suffrage universel.

Les registres électoraux sont tenus d'une façon uniforme dans toute la Confédération ; tout électeur y est
inscrit d'office ; ils sont exposés publiquement dans les
deux semaines qui précèdent le vote et un recours est
possible devant les autorités fédérales contre le refus ou
la suppression d'inscription par les autorités cantonales.

Le scrutin peut partout être ouvert dès la veille au
soir. Il doit l'être dès la veille au soir là où cette
ouverture est de règle pour les votations cantonales.

Le pays est divisé en collèges, dits arrondisse- **Mode d'élection**
ments électoraux. Un arrondissement ne peut-être
formé de portions de différents cantons. Ces arrondissements ont été plusieurs fois remaniés. Plus
d'une fois, comme le rappelle M. Sentupéry, on a
accusé l'Assemblée fédérale de faire de la « géométrie
électorale » et de transporter en Suisse les pratiques
américaines du *Gerrymandering*. Aussi M. Droz regret-
tait-il que la constitution de 1848 n'eût pas réglé
définitivement la question irritante des circonscriptions électorales.

« Depuis nombre d'années, écrivait M. Sentupéry en 1893, on a remarqué en Suisse que toutes les fois que le parti catholique et le parti conservateur libéral sont d'accord pour faire rejeter une loi votée par la Chambre, ils l'emportent aisément, — et cependant le parti radical obtient aux élections de fortes majorités. Cette contradiction a naturellement appelé l'attention des partis. On l'attribue pour la plus grande part à une division défectueuse des arrondissements : les localités conservatrices des cantons radicaux se trouvent noyées dans de grands arrondissements radicaux tandis qu'ailleurs on a fait de régions radicales de petits arrondissements spéciaux. » C'est ainsi qu'en 1881, on créa au Tessin un arrondissement pour assurer aux radicaux du canton une représentation que leur nombre d'ailleurs justifiait et qu'on « découpa, dit M. Deploige, dans le canton de Fribourg un arrondissement absolument fantaisiste dans le but d'amener deux radicaux fribourgeois à la Chambre », tout en refusant de diviser les arrondissements du Jura bernois, d'Argovie, de Neuchâtel et de Genève où l'opposition aurait pu obtenir des sièges. C'est ainsi qu'en 1902, tandis qu'au Valais le gouvernement conservateur proposait le remaniement des deux arrondissements pour affaiblir les libéraux, la majorité radicale modifiait les trois arrondissements de Lucerne de façon à assurer un siège de plus à ses partisans et réduisait à un les trois arrondissements des Grisons.

« Un régime électoral, dit M. Secretan, un régime électoral qui permet à une majorité parlementaire de façonner la représentation nationale au gré de ses convenances et de distribuer les citoyens dans les cercles électoraux, comme on parque des moutons dans un enclos, pour faire dire à la majorité ce qu'on entend qu'elle dise, est un régime répugnant. Il doit révolter tous les amis d'une démocratie loyale et sincère, « un canton, un arrondissement avec le scrutin « proportionnel » reste la solution juste et rationnelle ».

M. de Laveleye, il est vrai, explique tout autrement que M. Sentupéry la contradiction signalée par l'auteur de *l'Europe politique*. « Le même suffrage universel, dit-il, le même suffrage universel qui persiste à renommer des radicaux rejette souvent impitoyablement ce qu'ils ont voté. C'est que les élections se font sur des noms de personnes et que de part et d'autres on obéit à un mot d'ordre. Au referendum chaque mesure est jugée en elle-même. »

D'autres hommes politiques consultés par M. Deploige ont attribué cette contradiction à une sorte d'indifférence des électeurs pour les élus, due au sentiment de leur souveraineté. « Il est à remarquer, disent Adams et Cunningham, il est à remarquer, et ceci tend à prouver combien le système parlementaire introduit en Suisse est encore peu compris ou plutôt peu apprécié par le peuple, qu'en général les électeurs se contentent, de la part des candidats, de vagues professions de foi, et ne réclament pas d'eux une opinion clairement et nettement exprimée sur les grandes questions politiques à l'ordre du jour. La conviction qu'a le peuple de pouvoir décider en dernier ressort sur toutes les lois votées par l'Assemblée fédérale ne le porte pas à exiger des engagements précis. »

7

« Toutes ces explications, disait un vieux journaliste à M. Deploige, ne me satisfont point : je m'y perd quand je songe aux contradictions des électeurs. Si en Suisse on devenait riche dans mon métier, j'organiserais un concours et j'offrirais une prime à l'auteur d'une réponse complète et suffisante. »

Quoi qu'il en soit, la composition des Assemblées varie très peu. Aux élections d'octobre 1905, seize députés n'ont pas été réélus. « Encore dans ce petit nombre, dit M. Secretan, sept seulement ont été écartés contre leur gré, dont trois par des raisons toutes personnelles et quatre pour motifs politiques. La démocratie suisse est fidèle dans ses affections. »

La loi du 4 juin 1902 a procédé à un remaniement des arrondissements électoraux, conséquence du recensement du 1er décembre 1900, dont les résultats avaient été constatés par l'arrêté fédéral du 20 décembre 1901. D'après les données combinées du *Statesman's Yearbook* de 1905 qui arrive à un total de 172 députés au lieu de 167, et de l'*Annuaire de législation étrangère* pour 1902, Berne a sept arrondissements et 29 députés, Saint-Gall cinq arrondissements et 15 députés, Zurich quatre arrondissements et 22 députés, Argovie quatre arrondissements et 10 députés, Vaud trois arrondissements et 14 députés, Lucerne et le Tessin trois arrondissements et 7 députés, Fribourg trois arrondissements et 6 députés, le Valais deux arrondissements et 6 députés, Genève un arrondissement et 7 députés, Neuchâtel et Thurgovie un arrondissement et 6 députés, les Grisons et Soleure un

arrondissement et 5 députés, Schwytz un arrondissement et 3 députés, Glaris et Schaffhouse un arrondissement et 2 députés, Zoug et Uri un arrondissement
et 1 député. Chacun des demi-cantons d'Unterwald,
de Bâle et d'Appenzell forme un arrondissement. Chacun des demi-cantons d'Unterwald, Obwalden et
Nidwalden élit 1 député. Des demi-cantons de Bâle,
Bâle ville élit 6 députés et Bâle campagne 5. Des
demi-cantons d'Appenzell, Rhodes extérieures élit 5
députés et Rhodes intérieures 1.

A la suite de l'adoption en Belgique du principe
de la représentation proportionnelle, on a proposé en
1900, par voie d'initiative constitutionnelle, l'introduction de la représentation proportionnelle dans l'élection au Conseil national : chaque canton ou demi-
canton aurait formé un collège électoral, ce qui aurait
conjuré pour l'avenir tout découpage intéressé des
circonscriptions, mais la proposition a été repoussée
par le peuple le 4 novembre 1900.

Le mandat impératif est proscrit : « Les membres
des deux Conseils, porte la constitution, votent sans
instructions. »

Les membres sont élus pour trois ans. Le renouvellement est intégral.

Durée
des fonctions
et mode de
renouvellement.

IV

LA RÉUNION PLÉNIÈRE DES DEUX CHAMBRES

Les deux Chambres, en principe, délibèrent séparément. Elles se réunissent en séance plénière en assemblée fédérale pour procéder à l'élection des membres
du Conseil fédéral, et, parmi eux, du Président de la
Confédération et du Vice-Président du Conseil fédéral, à celle du Chancelier fédéral, du Tribunal fédéral, et, le cas échéant, du général en chef.

La constitution de 1848 faisait aussi élire en Assemblée plénière le chef d'état-major général et les représentants fédéraux ; mais, en fait, nous l'avons vu, c'était
le Conseil fédéral qui désignait seul les représentants
du pays à l'étranger. Elle permettait implicitement,
et la constitution de 1874 a fait de cette autorisation
tacite l'objet d'une disposition expresse d'attribuer à
l'Assemblée fédérale d'autres nominations ; ainsi la loi
de 1849 attribua à l'Assemblée fédérale en séance
plénière la nomination du procureur général au cas
de poursuite contre un fonctionnaire fédéral.

Les élections ne sont pas les seules causes de réunion des Assemblées plénières. C'est encore dans des
séances communes des deux Chambres que s'exerce
le droit de grâce, dévolu en Suisse, on le sait, non au
Gouvernement, mais aux Assemblées. On dirait que

c'est encore là une réminiscence de notre constitution de l'an III. Mais, d'après la constitution de l'an III, les Conseils des Cinq Cents et des Anciens ne se réunissaient pas ensemble pour l'exercer, et nous avons vu que cette attribution aux Chambres d'un droit d'ordinaire réservé au pouvoir exécutif était dans la tradition des cantons. Au contraire, les amnisties sont votées comme des lois par les deux Chambres siégeant séparément. L'article 92 de la constitution n'attribue en effet compétence à l'Assemblée plénière que pour l'exercice du droit de grâce : c'est ainsi que le projet d'amnistie en faveur des auteurs du mouvement insurrectionnel dans le Tessin fut rejeté en 1891 par le Conseil des États à la majorité de 50 voix contre 11. C'est encore dans des réunions communes que sont résolus les conflits de compétence entre les autorités fédérales, notamment entre le Conseil et le Tribunal fédéral.

En dehors des hypothèses prévues par la constitution, il n'est pas loisible aux deux Conseils de la Suisse, comme il l'est aux deux Chambres de quelques autres pays, du Vénézuela, par exemple, de se réunir momentanément en un seul Corps.

Les réunions plénières se tiennent dans la salle du Conseil national.

On applique dans les réunions plénières le règlement du Conseil national. Les décisions sont prises à la majorité des votants.

Les réunions plénières pour l'exercice du droit de grâce ou le réglement des conflits sont présidées par le président du Conseil national. Les réunions électorales sont aussi présidées par le président du Conseil national : mais le bureau est formé par la réunion des scrutateurs du Conseil national et des scrutateurs du Conseil des États. Dans la plupart des constitutions fédératives, c'est le président de la Chambre fédérale qui préside le Congrès. Ainsi aux États-Unis c'est le président du Sénat qui préside la séance plénière où a lieu le dépouillement des votes. D'où vient cette interversion de rang, alors que le Conseil national est le cadet de l'antique diète transformée en Conseil des États? Faut-il y voir l'application d'une idée bien simple et dont l'évidence se serait sans doute imposée partout, si un préjugé de préséance n'en avait voilé l'éclat? C'est qu'il est naturel que le président de la fraction la plus nombreuse d'une Assemblée soit le président né de cette Assemblée quand elle tient une séance plénière? Faut-il y voir une marque de la victoire du radicalisme centralisateur qui triompha en 1848, ou l'effet des appréhensions qu'avait pu laisser le souvenir du Sonderbund? Quoi qu'il en soit, il faut reconnaître que la rareté des réunions plénières et l'importance secondaire des questions qui leur sont soumises ôtent beaucoup de son importance au droit de les présider.

Séances. L'Assemblée fédérale se réunit nécessairement une fois chaque année pour procéder à l'élection du Président de la Confédération et du Vice-Président du Conseil fédéral. En fait, elle tient chaque année une demi-douzaine de séances plénières. En 1902, par exemple, elle a tenu une séance à la session d'avril, deux

à la session de juin, une à la session d'octobre, deux
à la session de décembre.

L'Assemblée fédérale n'a que des séances intermit-   Commissions.
tentes. Intermittentes aussi sont les conférences où
les Commissions des deux Conseils se réunissent
pour tenter de résoudre les désaccords sur un
projet législatif et chercher un terrain d'entente.
Mais il existe de véritables Commissions plénières,
comités permanents formés de députés des deux
Conseils.

Nous avons vu que chaque Conseil avait parmi ses
Commissions permanentes une Commission des
finances et une Commission chargée d'examiner le
budget et les comptes de la régie des alcools. Au-
dessus de ces Commissions des Conseils existe une
Commission commune.

Les Commissions des Finances du Conseil national
et du Conseil des États élisent trois de leurs membres
qui, en se réunissant, forment la Délégation des
finances qui est nommée pour un an.

Cette Délégation tient séance au moins une fois tous
les trois mois. Elle a le droit de se faire représenter
la comptabilité de toutes les administrations et le contrôle des finances doit lui communiquer tous les ren-
seignements relatifs à la gestion financière de la Confédération. Elle peut faire mettre à sa disposition tout
le personnel nécessaire à ses travaux et même se
faire assister d'experts techniques. Ainsi organisée,
elle constitue un bureau parlementaire des comptes.
On a songé, à plusieurs reprises, à lui substituer un
Corps spécial : le Conseil fédéral a fait en 1881 et

en 1900 des rapports sur l'institution d'une Cour fédérale des Comptes

Les Commissions du Conseil national et du Conseil des États chargées d'examiner le budget et les comptes de la régie des alcools nomment de même une Délégation chargée du contrôle de cette régie. C'est cette Délégation qui reçoit tous les trois mois les rapports imprimés de la régie.

A côté de ces Commissions permanentes, il est des Commissions passagères. Les bureaux réunis des deux Conseils peuvent nommer des Commissions pour des matières urgentes ou de moindre importance, notamment pour l'exercice du droit de grâce.

Ainsi, en dehors des Commissions globales, qui, chose singulière, ne sont pas normalement nommées par l'Assemblée plénière, il y a une autre autorité permanente, les bureaux réunis. Au-dessus des bureaux réunis il y a encore, nous l'avons vu, une autre autorité « le Conseil » des deux présidents qui opère la répartition du travail législatif entre les deux Assemblées.

CHAPITRE III

LA COUR SOUVERAINE

———

La Cour souveraine en Suisse est le Tribunal Dénomination.
fédéral.

On sait que, dans la constitution américaine, la Caractère.
juridiction supérieure de l'Union, la Cour suprême,
est, dans une certaine mesure, suivant l'heureuse
expression dont M. Étienne Lamy se servait jadis
pour caractériser le Parlement français, « juge des
lois ». Elle peut, sinon casser en principe, du moins
infirmer dans l'application aux affaires qui lui sont
soumises une loi votée par les Chambres de l'Union
ou d'un État qui lui paraît contraire à la constitution.

« On a craint, dit M. Droz, en parlant des juges
fédéraux, on a craint de leur donner la même compétence qu'au Tribunal suprême des États-Unis, qui peut
se prononcer dans des cas spéciaux sur la constitu-
tionnalité des lois votées par le Congrès. Ici, comme
les lois relèvent du referendum, il a semblé inadmis-
sible que le pouvoir judiciaire pût en paralyser les
effets par des sentences *in casu*. Et cependant, le
peuple peut aussi bien qu'un Parlement violer la
constitution. A preuve, le Tribunal fédéral qui connaît

de telles violations lorsqu'elles sont commises par le peuple d'un canton, mais qui doit s'incliner lorsqu'un article de loi fédérale lèse ouvertement les principes constitutionnels. Sans méconnaître le danger d'un conflit en pareil cas, on peut dire qu'à bien des égards lui donner le droit de trancher la question aurait pourtant son utilité. »

Cependant, comme l'a fait observer M. Esmein, si ce contrôle constitutionnel attribué à la magistrature d'un pays se défend juridiquement, cette magistrature ne peut l'exercer que si elle jouit d'une considération qui en fasse comme un sénat conservateur des libertés publiques. Cette considération, la magistrature anglo-saxonne en est investie par une longue tradition ; la magistrature de la Confédération suisse ne la saurait posséder.

« Rien, dit un publiciste américain, M. Dicey, rien dans les institutions américaines n'inspire plus d'admiration aux étrangers que la position donnée par la constitution à la justice fédérale. Rien, d'un autre côté, n'est moins satisfaisant que la position occupée en Suisse par le Tribunal fédéral. Ce Corps, il est vrai, rappelle la Cour suprême des États-Unis, mais il a peu des titres à l'autorité que possède la Cour américaine. Ses juges ne sont pas nommés à vie. Il n'a pas le pouvoir de statuer sur la validité des lois adoptées par l'Assemblée fédérale. Il est incompétent dans bien des matières qui, en Angleterre non moins qu'en Amérique, relèveraient de la juridiction des magistrats. Ses décisions, à ce qu'il semblerait, n'ont de force exécutoire que grâce à

l'action de l'Exécutif. A la vérité, la tendance de l'opinion, dans la Confédération, est de renforcer la
position du Tribunal fédéral. Mais alors même que
l'autorité de cette Cour recevrait une très grande
extension, elle n'atteindrait jamais à quelque chose
qui ressemblât au pouvoir dont est investie non seulement la Cour suprême d'Amérique, mais même
la magistrature britannique. La vérité, c'est que la
tradition historique de la Suisse est contraire au
développement de cette suprématie régulière de la loi
du pays, qui est le trait caractéristique des institutions
fondées par le peuple anglais des deux côtés de
l'Atlantique. Plus on approfondit la constitution fédérale et les constitutions cantonales de la Suisse, plus
il apparaît que la tendance du peuple suisse est toujours ce qu'elle a été pendant des siècles, de laisser à
la législature l'exercice des fonctions judiciaires. »

Enfin, M. Dubs, le célèbre publiciste suisse, tout
en souhaitant que son pays emprunte à la constitution américaine l'hégémonie du pouvoir judiciaire
avoue : « Ce n'est que lentement que nous devien-
drons mûrs pour ce système. »

La juridiction fédérale est, en Suisse, de date   Origines.
récente. Si, dès le Pacte de 1291 entre les trois cantons forestiers, on prévoyait le recours à l'arbitrage
pour les différends entre les confédérés ; si, à l'époque
de l'accession de Zurich à la Confédération, on régla
soigneusement l'organisation de cet arbitrage, toutes
ces tentatives, comme le constate M. Moses, ne purent
aboutir à la constitution d'une Cour commune. L'article 5 du Pacte de 1815 rétablit les arbitres emportés

par la tempête révolutionnaire avec les autres institutions de l'ancien régime. Mais ce n'était qu'une restauration du passé. Rossi, dans son projet de 1855, proposait l'institution d'une Cour fédérale. Cette Cour, formée d'un président, de huit juges et de quatre suppléants, nommés pour six ans sur la présentation des cantons et toujours rééligibles, siégeant dans une autre ville que le Pouvoir exécutif, devait, comme la Cour suprême des États-Unis, connaître des violations de la constitution. Ce projet n'aboutit pas et ce fut la constitution de 1848 qui créa la Cour commune de la Confédération.

Elle instituait un Tribunal fédéral composé de onze membres et de onze suppléants.

Comme Cour de justice civile, il connaissait des différends entre cantons, entre la Confédération et un canton si l'affaire lui était renvoyée par le Conseil fédéral; autrement, c'était l'Assemblée fédérale qui statuait; il connaissait aussi de la violation des droits garantis par la constitution, mais seulement lorsque les plaintes à ce sujet lui étaient renvoyées par l'Assemblée fédérale, qui pouvait statuer elle-même.

Il avait encore compétence pour les différends entre la Confédération et les corporations, dans les cas déterminés par la loi, comme pour les différends concernant les gens sans patrie (heimathlosen).

Comme Cour de justice pénale, il statuait sur les délits des fonctionnaires, sur la haute trahison ou la rébellion envers la Confédération, les crimes et délits contre le droit des gens, les délits politiques à l'occasion d'une intervention fédérale.

La constitution du 29 mai 1874 remit à la loi l'organisation du Tribunal fédéral et étendit sa compétence que des lois postérieures devaient encore accroître. L'organisation du Tribunal fédéral est actuellement réglée par les lois du 22 mars 1893, du 28 juin 1895 et du 24 juin 1904.

La constitution de 1848 fixait le nombre des membres à onze titulaires et onze suppléants. Après que la constitution de 1874 eut déclassé l'organisation du Tribunal, la loi du 27 juin 1874 le réduisit à neuf titulaires et neuf suppléants. La loi du 22 mars 1893 a porté le nombre des titulaires à quatorze et la loi du 24 juin 1904 l'a élevé à dix-neuf, sans augmenter, ni l'une ni l'autre, celui des suppléants. Si par suite d'abstentions obligées ou de récusations le Tribunal ne peut plus se constituer, le président tire des suppléants extraordinaires parmi les présidents des cours suprêmes des cantons.

Aux termes de l'article 107 de la constitution de 1874, l'Assemblée fédérale, en nommant les membres, doit avoir égard à ce que les trois langues officielles soient représentées au sein du Tribunal.

Les lois de 1849 sur l'organisation judiciaire fédérale, de 1851 sur la procédure pénale fédérale, et de 1850 sur les attributions du procureur général de la Confédération organisaient un ministère public fédéral, dont les fonctions étaient remplies par le procureur général de la Confédération que nommait le Conseil fédéral. Mais la loi du 23 septembre 1856 autorisa le Conseil fédéral à laisser ce poste vacant; se bornait à désigner un procureur général pour chaque affaire qui venait aux Assises fédérales. La loi du 29 juin 1874 consacra cette pratique. Cependant les affaires concernant la Confédération avaient augmenté en nombre et en importance et l'absence d'un représentant des intérêts fédéraux se faisait sentir. Les incidents occasionnés par les anarchistes, la présence en Suisse de nombreux réfugiés, l'affaire Wohlgemuth, les réclamations de l'Allemagne, les prétentions de M. de Bismarck qui ne parlait de rien moins que d'organiser en pleine Suisse un service germanique de police politique, décidèrent les autorités fédérales à remplacer les intérimaires intermittents par un titulaire permanent. Le 15 mars 1889, un message du Conseil fédéral réclama le rétablissement à poste fixe du procureur général de la Confédération, et un procureur général de la Confédération fut institué à nouveau par la loi du 28 juin 1889. Les socialistes protestèrent violemment contre cette loi ; mais ils ne purent réunir plus de 25.928 signatures en faveur d'un referendum et le chiffre nécessaire de 30.000 signatures n'étant pas atteint, elle ne fut pas soumise à une votation populaire.

Le procureur général de la Confédération a dans ses attributions la police des étrangers en ce qui concerne les actes qui compromettent la sûreté intérieure ou extérieure de l'État, le contrôle des enquêtes auxquelles elle peut donner lieu, et la proposition des mesures d'expulsion contre les étrangers. Il représente aussi par mandat spécial la Confédération devant les tribunaux, c'est-à-dire devant les juridictions de tout ordre. Il est en effet procureur général de la Confédération et il représente la Confédération non seulement devant le Tribunal fédéral mais devant toutes les juridictions, même cantonales. De même, nous l'avons vu, au Venezuela, le procureur général de la Nation représente la Nation et le Trésor public non seulement devant la Cour suprême, mais devant toutes les juridictions locales.

Le Conseil fédéral peut, en cas de besoin, désigner d'autres représentants du ministère public. En cas de poursuites contre un fonctionnaire fédéral, admises par les deux Conseils, l'Assemblée fédérale, aux termes de la loi du 9 décembre 1851, élit un procureur général spécial.

Aux termes de la loi sur la procédure pénale fédérale du 27 août 1851, il y a deux juges d'instruction. Ils ont chacun un greffier.

Indépendamment de ces greffiers spéciaux, le Tribunal a tout un personnel de bureau qui constitue ce qu'on appelle sa « Chancellerie ».

La loi du 27 juin 1874 n'admettait que deux greffiers et exigeait que l'un fût de la Suisse allemande, l'autre de la Suisse française.

La loi du 28 juin 1893 établit six greffiers, trois secrétaires, un archiviste, et se borne à imposer qu'un des greffiers ou secrétaires soit de langue italienne. Il y a aussi un certain nombre de copistes et d'huissiers.

La même loi permet de nommer, en cas de besoin, avec l'autorisation de l'Assemblée fédérale, d'autres secrétaires et un second archiviste. En vertu de cette faculté, un arrêté fédéral du 24 juin 1904 a porté à six le nombre des secrétaires.

En Suisse, ainsi d'ailleurs qu'aux États-Unis, aucune condition spéciale d'aptitude n'est exigée des juges fédéraux. La loi de 1893 comme la loi de 1874 permet de les choisir parmi les citoyens éligibles au Conseil national, c'est-à-dire qu'il suffit pour pouvoir faire partie de la Cour suprême d'avoir vingt ans révolus et de n'être pas privé de son droit de vote par la législation cantonale.

« Ce qui frappe les étrangers, dans notre pratique judiciaire, dit à ce propos M. Hilty, c'est que, soit pour revêtir une charge à cette Cour suprême, soit pour représenter les parties à la barre, il ne soit exigé aucun titre scientifique. Ceux-ci sont exigés au contraire par beaucoup de cantons. Ce qui prouve une fois de plus la vérité de cet axiome que dans la vie publique le bon sens des hommes en général, sur lequel il faut nécessairement compter dans le droit public, prévient maint danger qu'il paraîtrait impossible d'éviter d'après la logique ordinaire. »

L'usage en effet s'établit dès l'origine de n'appeler au Tribunal fédéral que des hommes ayant occupé les plus hautes fonctions publiques. Quand la constitution de 1874 l'eut transformé et comme renouvelé, les premiers membres qu'élut l'Assemblée fédérale, le 22 décembre 1874, furent Blumer (Glaris), Roguin (Vaud), Morel (Saint-Gall), Anderwert (Thurgovie), Pictet (Genève), Niggeler (Berne), Olgati (Grisons), Blœsi (Soleure), Stamm (Schaffouse). « C'étaient tous, dit M. Numa Droz, des hommes de grande valeur et conscience, qui jetèrent du lustre sur la nouvelle institution et lui acquirent d'emblée la confiance entière du pays. »

Aujourd'hui, un siège au Tribunal fédéral tend à devenir le suprême couronnement de carrière des jurisconsultes qui ont siégé dans les Chambres fédérales.

Les juges fédéraux sont élus par l'Assemblée fédéral en séance plénière. Les juges d'instruction sont élus au scrutin secret par le Tribunal fédéral ; il en est de même des greffiers, des secrétaires, de l'archiviste et aussi des copistes. Les juges d'instruction choisissent eux-mêmes leur greffier pour chaque affaire.

Le procureur général de la Confédération est nommé par le Conseil fédéral ; en cas de poursuites admises par les Chambres contre un fonctionnaire fédéral, il est élu par l'Assemblée fédérale.

On a proposé de soumettre, le Tribunal fédéral, comme le Conseil fédéral, à l'élection populaire. « Quoi qu'il en soit, écrivait M. Louis Wuarin, en 1891, des avantages et des inconvénients du système de l'élection directe des juges, force est de reconnaître qu'il répond à l'idée régnante en Suisse que le pouvoir est exercé par le peuple. Tout dernièrement, et à une forte majorité, le demi-canton de Bâle ville est venu se joindre aux cantons suisses, Zurich entre autres, qui désignaient déjà au scrutin les fonctionnaires de l'ordre judiciaire et, si nous en croyons certains indices, nous ne sommes pas au bout de la série. »

Aux termes de l'article 108 de la constitution, « les membres de l'Assemblée fédérale et du Conseil

8

fédéral et les fonctionnaires nommés par ces autorités ne peuvent en même temps faire partie du Tribunal fédéral. »

Le procureur général de la Confédération n'est pas réputé faire partie du Tribunal fédéral. Il peut donc continuer à siéger dans les Chambres fédérales, ou du moins au Conseil des États : car, d'après l'article 77 de la constitution, aucun fonctionnaire à la nomination du Conseil fédéral ne peut siéger au Conseil national. Ainsi M. Albert Scherb était en 1895 à la fois procureur général de la Confédération et député de Thurgovie au Conseil des Etats.

Les parents ou alliés en ligne directe, que le lien soit le sang, ou l'adoption, les parents ou alliés en ligne collatérale jusqu'au quatrième degré, les maris de sœurs, ne peuvent faire ensemble partie du Tribunal. « Cette incompatibilité, dit M. Joseph Hourtoule, s'étend aux membres du ministère public ainsi qu'aux autres auxiliaires de la magistrature fédérale (juges d'instruction, greffiers, secrétaires) ». Le fonctionnaire qui contracte un mariage produisant incompatibilité est réputé démissionnaire.

Enfin si le Conseil fédéral ne peut contenir plus d'un représentant d'un canton, il est rare, comme on l'a dit, malgré l'absence de toute restriction légale, « qu'un même canton ait deux représentants et nous ne voyons pas qu'un même canton en ait eu jamais plus de deux au Tribunal fédéral. »

D'ailleurs tout juge ou officier du ministère public doit se récuser dans les causes où son canton ou sa commune d'origine est partie, où ses parents ou alliés sont intéressés, dont il a connu à un autre titre, comme avocat ou arbitre, où il est parent du représentant ou de l'avocat d'une des parties. Il peut à sa demande ou à celle des parties être récusé dans les causes intéressant une association jouissant de la personnalité civile dont il fait partie, s'il se trouve dans un rapport d'amitié étroite ou d'inimitié personnelle avec une partie, enfin s'il a par écrit ou parole manifesté son opinion sur l'affaire. C'est la Chambre intéressée qui statue les récusations, en cas de difficultés, sans que les juges récusés puissent prendre part au jugement.

Aux termes de l'article 108 de la constitution, les membres du Tribunal fédéral ne peuvent pendant la durée de leurs fonctions revêtir aucun autre emploi, soit au service de la Confédération soit dans un canton, suivre d'autre carrière ni exercer d'autre profession. **Incapacités attachées aux fonctions.**

C'est naturellement, pour les membres du Tribunal, l'Assemblée fédérale qui est seule apte à statuer sur la régularité des élections auxquelles elle a procédé. Pour les élections faites par le Tribunal, c'est lui-même, en Assemblée plénière, qui statue sur les difficultés auxquelles elles peuvent donner lieu. **Vérification des pouvoirs.**

Le traitement des membres titulaires est de 12.000 francs, celui du président de 13.000; les suppléants reçoivent 25 francs par jour d'audience et des indemnités à raison de leurs travaux en dehors des audiences. Le procureur général de la Confédération a un traitement de 8.000 à 10.000 francs par an. Les juges d'instruction reçoivent 25 francs par jour, leurs greffiers 10 francs ou, s'ils sont hors de leur **Traitement.**

domicile, 15 francs. Les greffiers touchent de 7.000 à
9.000 francs, les secrétaires de 5.000 à 7.000, l'archiviste de 3.500 à 5.000. Ils ont, en outre, lorsqu'ils sont
obligés de quitter le siège du Tribunal pour les Assises
fédérales, des indemnités de route et de séjour.

Serment.   Les juges titulaires et suppléants prêtent serment
de remplir fidèlement leurs devoirs devant l'Assemblée fédérale, ou, en cas d'empêchement, devant le
Tribunal à la première audience où ils siègent. Les
juges d'instruction et leurs greffiers, les greffiers,
secrétaires et archivistes prêtent serment devant le
Tribunal fédéral. Les officiers du ministère public
prêtent serment devant le Conseil fédéral.

Les fonctionnaires auxquels leurs convictions inter-
diraient le serment peuvent le remplacer par une promesse solennelle.

Responsabilité.   La loi fédérale du 9 décembre 1851 sur la responsabilité des fonctionnaires fédéraux s'applique au
président et aux membres du Tribunal fédéral.

Siège.   Le Tribunal fédéral de 1848 à 1874 n'avait pas de
siège fixe. Il se réunissait pour ses courtes sessions,
tantôt dans une ville, tantôt dans une autre. La constitution de 1874 décida qu'il aurait une résidence
déterminée. On hésitait entre trois villes : Berne, Lucerne et Lausanne. L'arrêté fédéral du 26 juin 1874
en fixa le siège à Lausanne, à charge par la ville
de fournir les bâtiments nécessaires. « Cette décision,
disent Adams et Cunningham, fut une concession
aux sentiments de la Suisse française et l'on pensa,
non sans raison peut-être, que le Tribunal fédéral
devait être tenu à l'écart de l'atmosphère politi-

que de Berne. » Le Tribunal fédéral, installé d'abord
dans des locaux étroits et modestes, reçut au bout de
douze ans une installation digne de lui. « Le 26 septembre 1886, disent Adams et Cunningham, le nouveau
palais de justice fédéral fut inauguré à Lausanne en
présence des représentants des autorités de la Confédération et de la plupart des cantons, du corps diplomatique ainsi que des délégués représentant les fa-
cultés de droit et les universités. L'emplacement est
le sommet de Montbenon d'où on a une vue charmante
sur le lac et sur le moutonnement des montagnes de
la rive opposée. Sur les degrés M. Cuenoud, syndic de
Lausanne, remit solennellement le bâtiment aux autorités fédérales et M. Ruchonnet, chef du département
de justice et police, dans un éloquent discours, déclara
le recevoir au nom de la Confédération. Les person-
nages officiels passèrent alors dans la grande salle
destinée aux audiences où M. Ruchonnet à son tour
remit le bâtiment au Tribunal fédéral. La remise fut
dûment acceptée au nom du corps judiciaire par le
président, M. Olgati. »

La résidence dans la ville est obligatoire pour les
membres du Tribunal et les fonctionnaires de sa
Chancellerie.

Le bureau se compose du président, du vice-pré- Bureau
sident et d'un président de chambre. Le président et
le vice-président sont nommés pour deux ans par
l'Assemblée fédérale en séance plénière parmi les
membres du Tribunal. Comme au Conseil fédéral, le
vice-président passe normalement président.

Le président de chambre, institué seulement par la

loi du 21 juin 1904 et chargé de présider la Chambre des poursuites et faillites est nommé par le Tribunal fédéral parmi les membres de cette Chambre. Le président de la Cour criminelle et celui de la Cour pénale sont désignés par le Tribunal fédéral pour chaque affaire.

Le président du Tribunal fédéral est suppléé par le doyen du Tribunal, le président de chaque Chambre par le doyen de la Chambre, doyen de fonctions et, en cas d'ancienneté égale dans l'office, doyen d'âge.

Le président du Tribunal fédéral reçoit les dossiers et surveille les fonctionnaires et les employés.

Le président de chaque Chambre a la direction des débats et la police de l'audience. Il peut faire expulser et même détenir vingt-quatre heures les perturbateurs.

Organisation. Les membres du Tribunal et aussi les mandataires qui représentent devant lui les parties, — il n'y a pas d'avocats proprement dits, — doivent porter, comme les membres de l'Assemblée fédérale, un habillement noir. En principe, non seulement les débats, mais les délibérations et les votes ont lieu en séance publique et le président prononce immédiatement l'arrêt dont la chancellerie notifie sans délai le dispositif aux intéressés absents. Cependant la délibération et les votes de la Chambre des poursuites et faillites, de la Chambre d'accusation, du jury et de la Cour pénale fédérale, n'ont pas lieu en séance publique. Enfin, le Tribunal peut toujours ordonner le huis clos total ou partiel, dans l'intérêt de l'ordre public ou des bonnes mœurs.

« La procédure, dit M. Hilty, est devenue en pratique principalement écrite. La Cour de droit public
n'entend pour ainsi dire jamais de plaidoyer et rend
ses arrêts sur le vu des pièces sans que les parties
soient même présentes. Bien plus, en violation du
principe de la publicité des débats du tribunal, les
parties ne sont même pas avisées dans la règle de la
délibération. Ce sont également les pièces du dossier
qui sont devenues la base des arrêts de droit civil ; la
votation publique des juges a du reste pour conséquence de transformer le plaidoyer final des parties
en une pure formalité coûteuse pour celles-ci. Car il
est rare que l'opinion des juges, basée sur les actes,
soit essentiellement modifiée par les plaidoiries.
Aussi serait-il bon qu'un certain laps de temps séparât
la plaidoirie de la délibération de la Cour et du jugement, au moins dans les cas les plus importants. » En
matière de poursuites et de faillites, la procédure est
aussi presque toujours écrite.

Ce formalisme paperassier et aussi quelques tendances empreintes de l'esprit légiste pourraient contribuer à déterminer un changement dans le mode de
nomination du Tribunal fédéral. « On lui reproche,
dit M. Louis Wuarin, en parlant du Tribunal fédéral,
de n'être pas assez près du peuple, de ne pas subor-
donner ainsi qu'il conviendrait, sa manière de voir
à l'opinion générale, de rendre sur d'importantes
questions de droit public et de droit civil des jugements appelés à faire jurisprudence et qui procèdent
de théories juridiques étroites, unilatérales, suran-
nées. »

La répartition des membres entre les sections, le roulement, pour employer l'expression française, se fait tous les deux ans.

La composition des Chambres est fixée au 1er janvier, et le Tribunal désigne parmi les suppléants les trois remplaçants de la Chambre d'accusation, les trois remplaçants de la Cour criminelle et de la Cour pénale, les trois remplaçants de la Cour de cassation criminelle.

Dans les Chambres civiles, les membres, et, à défaut, les suppléants, remplacent les absents. Les suppléants des Chambres pénales se remplacent mutuellement. Toutes les Chambres doivent siéger au complet.

Chambres civiles. Comme juridiction civile, le Tribunal fédéral est divisé en trois sections.

La première est composée de huit membres. Elle a à sa tête le président du Tribunal. Elle connaît de la plupart des recours en réforme et de tous les recours en cassation contre les jugements de dernière instance des juridictions cantonales, de certaines affaires de droit civil où le Tribunal statue comme première et dernière instance et des recours en matière de liquidation de chemins de fer ou d'annulation de titres au porteur ou transmissibles par endossement.

La seconde est composée de huit membres. Elle a à sa tête le vice-président. Elle connaît des contestations de droit public, des affaires de droit civil non soumises à la première section où le Tribunal statue comme première et dernière instance, des recours en réforme contre les jugements de dernière instance des juridictions cantonales en matière d'état civil, de responsabilité des chemins de fer et de brevets d'invention.

La troisième, dite Chambre des poursuites et faillites, est composée de trois membres. Elle a à sa tête un président nommé par le Tribunal. Elle statue sur les matières dont la loi du 11 avril 1889 attribuait la connaissance au Conseil fédéral, et que la loi du 28 janvier 1895 a déférées au Tribunal fédéral.

Comme juridiction pénale, le Tribunal est divisé en quatre sections qui forment en réalité quatre juridictions distinctes, une Chambre d'accusation, une Cour criminelle, une Cour pénale et une Cour de cassation criminelle. *Chambres criminelles*

La Chambre d'accusation est composée de trois membres. *Chambre d'accusation.*

La Cour criminelle est composée de trois membres, *Cour criminelle.* et chacune des trois langues officielles doit y être représentée.

C'est une Cour d'assises qui statue avec l'assistance de douze jurés sur les affaires déférées aux Assises fédérales.

Dans chaque affaire, la Cour criminelle désigne le *Assises fédérales.* siège des Assises: il doit se trouver dans l'arrondissement dans lequel le crime ou le délit a été commis.

Aux termes de la loi du 27 juin 1874, la Confédération était divisée en cinq arrondissements d'Assises. Dans les quatre premiers, il y avait un juré pour 1000 habitants; dans le dernier, formé du Tessin et des territoires italiens des Grisons, il y avait un juré pour 500 habitants.

La loi du 22 mars 1893 a divisé la Confédération en trois arrondissements correspondant aux zones de diffusion des trois langues officielles de la Confédération et a décidé qu'il y aurait uniformément un juré pour 1000 habitants.

Jury fédéral.

Les jurés sont élus par les citoyens investis du droit de vote.

Est éligible comme juré tout citoyen suisse ayant droit de vote. Cependant les hauts fonctionnaires politiques administratifs ou judiciaires de la Confédération et des cantons, les présidents de tribunal, les juges d'instruction, les officiers du ministère public, les membres des administrations fédérales et cantonales, les ecclésiastiques ne peuvent être élus jurés fédéraux.

Les jurés sont élus dans chaque canton à la majorité relative des votants.

Les fonctions de juré sont obligatoires; sont excusés les citoyens âgés de soixante ans accomplis qui sont empêchés soit par une maladie chronique soit par une infirmité permanente ou qui ont été déjà portés sur la liste précédente.

Les jurés sont élus pour six ans.

Les noms des jurés sont publiés par les gouvernements cantonaux qui statuent sur les questions d'éligibilité et d'excuse; le Tribunal lui-même en groupant les listes cantonales, forme la liste d'arrondissement.

Avant l'ouverture des Assises, la Cour criminelle tire cinquante-quatre jurés. Dans les dix jours de la notification, le procureur général de la Confédération d'une part, l'accusé ou les accusés de l'autre, peuvent récuser vingt jurés : lorsque les quarante jurés ont été récusés, les quatorze jurés restants forment le jury de jugement: parmi eux on tire au sort deux jurés qui sont jurés suppléants. Si le nombre des récusations ne s'élève pas à quarante, c'est la Cour qui tire les quatorze jurés appelés à siéger. Ces jurés reçoivent une indemnité de dix francs par jour.

On sait qu'en Angleterre les jurés ne peuvent statuer qu'à l'unanimité : en Suisse, la décision pour la condamnation ou l'acquittement doit être prise à la majorité de dix voix contre deux. Si la majorité ne peut se former, l'affaire est renvoyée à une autre session et un nouveau jury statue après de nouveaux débats.

La Cour pénale est composée de cinq juges, les trois membres de la Cour criminelle et deux autres membres du Tribunal. *Cour pénale.*

La Cour de cassation criminelle est composée de cinq membres. *Cour de cassation criminelle.*

Le Tribunal fédéral tient aussi des réunions plénières. C'est en assemblée plénière qu'il procède aux nominations qui lui sont réservées et qu'il règle son organisation. C'est en audience plénière qu'il statue sur les oppositions aux demandes d'extradition et sur les affaires non renvoyées aux sections ou aux « autorités de justice pénale ». *Assemblée plénière.*

Le quorum pour les assemblées plénières est de onze membres. Le nombre des juges siégeant, sauf pour les nominations ou délibérations d'organisation intérieure, doit toujours, président compris, être impair.

Durée
des fonctions.

Les juges fédéraux sont élus pour six ans. Ils sont rééligibles. Les greffiers, secrétaires et archivistes sont nommés par le Tribunal pour six ans. Ils peuvent eux aussi recevoir de nouvelles investitures. Les copistes et huissiers sont nommés pour deux ans. Ils peuvent être nommés à nouveau, indéfiniment. Le procureur général de la Confédération est nommé sans durée préfixe, mais il peut être révoqué par le Conseil fédéral qui le choisit.

Attributions.

La constitution de 1874 a fort élargi le rôle du Tribunal fédéral en lui attribuant compétence dans nombre de matières qui jusque-là ressortissaient aux juridictions cantonales. « Le Tribunal fédéral, dit M. Hilty, est devenu dans la plupart des cas instance unique ou instance suprême : c'est là surtout ce qui a fait pencher la balance du côté de la Confédération. Aussi les fédéralistes de 1872 et 1874 eussent mieux sauvegardé les principes qu'ils représentent en admettant l'unification du droit pénal et civil d'une part, tout en maintenant d'autre part la compétence judiciaire exclusive des cantons, à l'exception d'un pouvoir de cassation ordinaire réservé à la Confédération. » Aujourd'hui l'unification de la législation civile et pénale a été admise en principe et va être réalisée : le Tribunal fédéral trouvera ses attributions accrues par l'extension du champ de la législation fédérale, sans perdre les attributions que lui avait conférées la constitution de 1874, et ainsi l'unification judiciaire sera doublée par le fait de l'unification législative.

Le Tribunal fédéral a des attributions civiles, criminelles et de droit public.

Au point de vue civil, le Tribunal agit tantôt comme
juridiction de première et dernière instance, tantôt
comme juridiction de réforme, tantôt comme juridiction de cassation.

Attributions
civiles.

Comme juridiction de première et dernière instance,
le Tribunal a compétence pour les différends entre la
Confédération et les cantons; il a compétence pour
les différends entre les corporations et les particuliers
demandeurs et la Confédération défenderesse, lorsque
le litige atteint une valeur en capital d'au moins
5.000 francs. Il a compétence pour les différends entre
les cantons et les corporations ou les particuliers,
lorsque le litige atteint une valeur en capital d'au
moins 5.000 francs et qu'une partie requiert la juridiction fédérale.

Il a compétence en ce cas, aux termes de la loi
du 22 mars 1893, « soit que, d'après la législation
cantonale, la cause doive être traitée d'après la procédure ordinaire, soit qu'elle relève d'autorités spécialement désignées et statuant d'après une procédure
spéciale ». D'après la loi du 27 juin 1874, le Tribunal
fédéral ne pouvait être saisi que si la cause devait
être instruite selon la procédure ordinaire. Il suffisait aux législatures cantonales d'instituer en une
matière une procédure spéciale pour soustraire toutes
les affaires qui s'y rapportaient au Tribunal fédéral.
La loi de 1893 a supprimé ce moyen laissé aux cantons d'éluder le recours ouvert à la juridiction fédérale. Elle a cependant maintenu aux autorités canto-

nales la connaissance exclusive des contestations en matière d'expropriation pour cause d'utilité publique locale.

Il a compétence pour les différends dont les deux parties s'accordent à le saisir et dont l'objet atteint une valeur en capital d'au moins 3.000 francs.

Il a compétence pour les différends que lui défèrent la constitution ou les lois d'un canton, si l'Assemblée fédérale a ratifié cette attribution de compétence.

Il a compétence dans les différends concernant les heimathlosen. Ce sont les gens qui, par suite du désaccord des dispositions législatives, ont perdu leur patrie sans en acquérir une nouvelle, semblables à cet émigré dont parle Châteaubriand qui, voguant sur le Rhin dans une barque avec sa famille et repoussé des deux rives, était réduit parfois à jeter l'ancre au milieu du fleuve.

Il a compétence dans les contestations qui surgissent entre les communes de différents cantons relativement au droit de cité.

Il a compétence dans nombre de contestations relatives à des chemins de fer ou à des travaux d'utilité publique, — c'est lui qui prononce l'ouverture de la liquidation forcée des entreprises de chemin de fer ; — dans les contestations relatives à l'émission des billets de banque ou au remboursement des dépôts, — c'est lui qui prononce l'ouverture de la liquidation forcée des banques d'émission et statue sur les difficultés auxquelles elle peut donner lieu ; — enfin dans les contestations entre particuliers à l'occasion des brevets d'invention : c'est lui qui statue sur l'action en indemnité à raison d'expropriation de brevets.

« Les contrats, disaient Adams et Cunningham, les contrats relatifs à la vente et à l'achat des terres, aux servitudes et aux hypothèques sont régis par la loi de chaque canton. En général les questions relatives à la dévolution des biens par testament ou *ab intestat* sont tranchées par les cours cantonales ordinaires et échappent, même en appel, à la compétence du Tribunal fédéral. » C'était là une restriction considérable aux pouvoirs de la juridiction centrale. Elle est en voie de disparaître. Aujourd'hui en effet le droit des biens, des hérédités et des libéralités se trouve, par suite de l'unification du droit civil et de l'extension à ces matières de la législation fédérale, rentrer dans le domaine du Tribunal fédéral.

Comme juridiction de réforme, le Tribunal fédéral remplit trois rôles.

Il statue sur les recours contre les décisions des autorités fédérales, notamment en matière d'expropriation pour cause d'utilité publique, de vente imposée de spiritueux, de liquidation forcée d'entreprises de chemins de fer.

Il statue sur les recours contre les décisions d'autorités cantonales en matière de poursuites pour dettes et de faillites déférés au Conseil fédéral par la loi du 11 avril 1889 et transportés au Tribunal fédéral par la loi du 28 juin 1895.

Enfin, il statue sur les recours en réforme. « Le recours en réforme, dit M. Joseph Hourtoule, dans la notice qu'il a publié dans l'*Annuaire de législation étrangère* de 1895 sur la loi fédérale du 22 mars 1893,

le recours en réforme est intermédiaire entre l'appel
et la cassation. En principe, le Tribunal ne se borne
pas à anéantir l'arrêt qui lui est déféré; il juge lui-
même à nouveau et substitue sa décision à celle attaquée. D'un autre côté, la libre appréciation des faits
ne lui est pas abandonnée; en règle générale en effet,
il est tenu d'admettre comme exacts les fait matériels
constatés par l'autorité cantonale. Son rôle se borne,
comme le dit le Conseil fédéral, dans son message, à
une « *revisio in jure* », en un mot, à rectifier la décision
au point de vue doctrinal.

Le recours en réforme n'est ouvert que pour violation de la loi fédérale par un tribunal cantonal. Dans
un grand nombre de cas, ce sont les juridictions
locales qui appliquent la loi fédérale. « La loi fédérale,
porte l'article 57 de la loi de 1893, est réputée violée,
lorsqu'un principe de droit consacré expressément par
la loi fédérale ou résultant implicitement de sa disposition, n'a pas été appliqué ou a reçu une fausse
application. L'appréciation juridique erronée d'un
point de fait est assimilée à la violation de la loi. »

D'après la loi de 1874, en pareil cas, les jugements
de première instance pouvaient, du consentement des
deux parties, être portés, *omisso medio*, devant le Tribunal fédéral. L'article 58 de la loi de 1893 a proscrit
cette pratique en ne déclarant recevable que le recours
contre les jugements rendus par les juridictions de
dernière instance cantonale. Le recours ne peut porter que sur les jugements au fond, mais les jugements avant faire droit sont de plein droit déférés
en même temps que la sentence principale.

La loi de 1874 exigeait que le litige fût d'une valeur d'au moins 5000 francs en capital. La loi de 1893 a abaissé la valeur exigée à 2000 francs. Encore le recours est-il recevable quelle que soit la valeur « dans les procès relatifs à l'usage d'une raison de commerce, à la protection des marques de fabrique et de commerce, indications deprovenance, mentions de récompenses industrielles, dessins et modèles industriels, aux brevets d'invention ainsi qu'à la propriété littéraire et artistique », comme aussi en matière d'annulation de titres soit au porteur, soit transmissibles par endossement.

En principe, le Tribunal rectifie ou complète lui-même la décision. Mais s'il y a un fait à établir, le Tribunal annule la décision et renvoie au tribunal cantonal pour qu'il soit statué de nouveau. Enfin, si la cause comporte application non seulement du droit fédéral, mais encore du droit cantonal ou étranger, le Tribunal fédéral peut, à son gré, appliquer lui-même les lois cantonales ou étrangères, ou renvoyer l'affaire au tribunal cantonal pour qu'il les applique.

Comme juridiction de cassation, le Tribunal connaît des recours contre les jugements de dernière instance cantonale, non susceptibles des recours en réforme, quand la juridiction locale a appliqué le droit local ou étranger au lieu du droit fédéral. S'il casse, il renvoie au tribunal cantonal pour être statué à nouveau.

Au point de vue criminel, le Tribunal agit tantôt comme Chambre d'accusation, tantôt comme Cour criminelle, tantôt comme Cour pénale, tantôt comme Cour de cassation criminelle.

Comme Chambre d'accusation, il est une juridiction d'instruction qui statue sur le renvoi devant la Cour pénale fédérale ou devant les Assises fédérales.

Comme Cour criminelle, le Tribunal fédéral statue, en Assises fédérales et avec l'assistance d'un jury, dans les cas de haute trahison envers la Confédération, de révolte ou de violence contre les autorités fédérales, sur les crimes et délits contre le droit des gens, sur les crimes et délits politiques qui sont la cause ou la suite de troubles ayant amené une intervention fédérale armée, sur les faits relevés à la charge des fonctionnaires nommés par une autorité fédérale, quand cette autorité en saisit le Tribunal fédéral, enfin sur les poursuites décidées par les Chambres contre un député pour crime ou délit commis « en ce qui concerne la gestion de l'office ».

Le Tribunal fédéral est aussi compétent en cas de haute trahison envers un canton, de révolte ou de violence contre les autorités cantonales, quand le jugement lui est attribué par la constitution ou les lois de ce canton, et que cette attribution a été ratifiée par l'Assemblée fédérale.

On tenta, dans une circonstance demeurée célèbre, d'étendre la compétence du Tribunal. Le 22 octobre 1876, un conflit sanglant se produisit à Stabio, dans le canton toujours agité du Tessin, entre les radicaux et les conservateurs. Un radical, Mola, parvint à l'arrêter et Bavier, conseiller national des Grisons, envoyé comme commissaire fédéral, n'eut pas besoin de troupes pour rétablir l'ordre. Les conservateurs exercèrent des poursuites contre Mola. Il fut traduit

devant les assises locales qui d'ailleurs l'acquittèrent :
car, en l'absence d'intervention armée, le Tribunal
fédéral n'était pas compétent. Dans le but de soustraire désormais, en cas de suspicion légitime, le
jugement des inculpés aux juridictions cantonales,
trop sujettes aux passions locales, l'Assemblée fédérale, par une loi du 17 décembre 1885, ajouta au Code
pénal fédéral du 4 février 1853 un article 74 bis, ainsi
conçu : « Lorsque dans une affaire criminelle de leur
ressort, la confiance en l'indépendance ou l'impartialité des magistrats cantonaux est ébranlée par suite
d'agitations politiques, le Conseil fédéral peut renvoyer au Tribunal fédéral l'instruction et le jugement
de la cause, même s'il s'agit d'un crime non prévu
par le présent Code. Dans ce dernier cas, le Tribunal
fédéral statue d'après la législation du canton dans
lequel le crime a été commis. » Mais cette loi, dite loi
de Stabio, attaquée comme une mesure de circonstance, fut infirmée par le peuple au referendum du
11 mai 1884.

Les Assises fédérales ont tenu peu de sessions.

Elles se réunirent à Genève en décembre 1864 pour
juger les chefs de l'émeute du 22 août : les quatorze
accusés furent acquittés.

Les troubles qu'occasionna à Zurich en mars 1871
le banquet donné par les Allemands pour fêter la restauration de l'Empire germanique, amena la tenue
dans cette ville d'Assises fédérales devant lesquelles
en comparurent les auteurs.

En 1878, un jeune étudiant en médecine français
rédigeait à Neuchâtel un journal anarchiste, l'*Avant-*

garde, où il prêchait le régicide. Poursuivi devant les Assises fédérales de Neuchâtel en 1879, il fut condamné à deux mois de prison.

A la suite de la révolution du Tessin du 11 septembre 1890, Rinaldo Simen, président du gouvernement insurrectionnel, fut traduit, en 1891, avec dix-sept autres fauteurs de la rébellion, devant les Assises fédérales de Zurich. Après un réquisitoire du procureur général de la Confédération, Albert Scherb, auquel on reprocha une singulière mollesse, Simen et ses co-accusés, défendus par Forrer, « le lion de Winterthur », depuis Président de la Confédération pour 1906, furent tous acquittés.

Comme Cour pénale, il statue, en vertu de la loi du 22 mars 1893, sur les délits prévus par le Code pénal fédéral du 4 février 1853, par les lois du 30 janvier 1859 sur les enrôlements pour un service militaire à l'étranger, et du 8 mars 1881 sur l'émission et le remboursement des billets de banque.

« Ces infractions, dit M. Joseph Hourtoule, étaient jusqu'alors déférées aux Assises fédérales. Cette procédure solennelle, mais lente et dispendieuse, était souvent hors de proportion avec l'importance de la cause à juger; elle avait en outre le grave inconvénient d'entraver la marche du service; aussi, pour assurer l'expédition des affaires, le gouvernement avait été amené à faire un usage à peu près constant de la faculté que lui réservait l'article 74 du Code pénal et à renvoyer, dans presque tous les cas possibles, le jugement de ces causes aux cantons. Dans le but de rendre ce droit d'option moins illusoire, les

Assemblées législatives, sur la proposition du Conseil fédéral, ont adopté la création d'une Cour pénale, chargée de juger sans le concours du jury les affaires qu'antérieurement le Gouvernement pouvait, ou déférer aux Assises, ou renvoyer aux autorités cantonales. »

Comme Cour de cassation criminelle, le Tribunal fédéral statue sur les recours contre les décisions rendues par les tribunaux cantonaux en vertu des lois fédérales.

Ce recours était admis pour les infractions déférées aux tribunaux cantonaux par décision du Conseil fédéral.

Il était admis aussi pour les contraventions fiscales en matière de postes, de poudre à canon, de péage ou douanes, de télégraphes, de spiritueux, et pour les contraventions en matière d'état civil et de mariage ou d'entreprises privées d'assurances. Mais dans toutes les autres matières, épizootie, poids et mesures, chasse et protection des oiseaux, pêche, eaux et forêts des régions élevées, travail dans les fabriques, durée du travail dans l'exploitation des chemins de fer, police des chemins de fer, contrôle et garantie des ouvrages d'or et d'argent, déchets d'or et d'argent, fabrication et vente des allumettes, mesures à prendre contre le phylloxéra, épidémies, responsabilité civile, agences d'émigration, propriété littéraire et artistique, brevets d'invention, dessins et modèles industriels, marques de fabrique et de commerce, où des peines étaient prévues par des lois fédérales et devaient, d'après ces lois, être appliquées par des tribunaux cantonaux,

« ceux-ci, dit M. Joseph Hourtoule, bien qu'agissant comme délégués du pouvoir central, jugeaient en dernier ressort. Une même disposition législative pouvait ainsi, suivant les cantons, être interprétée différemment ».

La loi du 22 mars 1893 a institué un recours dans tous les cas où il y a violation d'une loi fédérale par la juridiction cantonale, que la cause ait été déférée à la juridiction locale, par la loi ou par le Conseil fédéral. « Le Tribunal fédéral, dit M. Joseph Hourtoule, exerce donc désormais, au point de vue de l'interprétation des textes, un droit de contrôle général sur les tribunaux cantonaux, toutes les fois que ceux-ci sont appelés à appliquer une loi pénale fédérale. » « Les jugements au fond, rendus par les tribunaux cantonaux, porte l'article 160 de la loi du 22 mars 1893, en matière d'infraction aux lois fédérales, ainsi que les décisions de l'autorité cantonale chargée de prononcer sur le renvoi, sont susceptibles d'un recours en cassation au Tribunal fédéral (Cour de cassation). » On peut remarquer que, par suite de l'unification du droit pénal, les matières criminelles étant désormais toutes réglées par les lois fédérales, la compétence du Tribunal fédéral se trouve étendue à l'ensemble du Code répressif.

Le Tribunal fédéral connaît encore des recours contre les arrêts de la Chambre d'accusation du Tribunal fédéral, contre les jugements des Assises fédérales et de la Cour criminelle, contre les jugements de la Cour pénale, pour incompétence, violation des droits de la défense, des formes essentielles de la procédure ou des règles sur la composition du Tribunal.

Le Tribunal fédéral, comme Cour de cassation, statue sur les demandes en revision ou réhabilitation dans le cas où le jugement a été rendu par les Assises fédérales ou la Cour pénale fédérale, sur les demandes en réhabilitation dans le cas où la cause avait été renvoyée aux tribunaux cantonaux par décision du Conseil fédéral.

Comme « Cour de droit public », pour employer la terminologie suisse, le Tribunal fédéral joue le rôle de tribunal des conflits et de haute cour administrative. *Attribu de droit*

D'après la constitution de 1848, ce rôle était rempli en première instance par le Conseil fédéral et en appel par l'Assemblée fédérale. Mais le temps qu'absorbaient les débats de ces appels, l'influence que pouvaient exercer sur les solutions les passions politiques, enfin la mobilité d'impression des Assemblées qui empêchait l'établissement d'une jurisprudence uniforme, déterminèrent en 1874 à déférer les litiges de cet ordre au Tribunal fédéral.

Le Tribunal fédéral connaît des conflits de compétence entre les autorités fédérales d'une part et les autorités cantonales de l'autre ; il statue, aux termes de l'article 176 de la loi de 1893, même quand sa propre compétence est contestée par l'autorité cantonale.

C'est donc une institution fédérale, qui tranche les conflits entre la Confédération et les cantons. Aussi Hilty a-t-il pu dire : « Le partage de la souveraineté, garanti en théorie entre la Confédération et les cantons,

ne répond plus guère à la réalité ; tel est particulièrement le cas de la présomption instituée par l'article 5
de la constitution, en vertu de laquelle tous les droits
qui ne sont pas délégués au pouvoir fédéral leur appartiennent. Au contraire, c'est bien plutôt la Confédération qui possède tous les droits non réservés aux
cantons. Mais ce qui est capital, c'est que la Confédération possède le droit de faire déterminer les limites
aux deux souverainetés par ses propres autorités,
spécialement par le Tribunal fédéral. Bien plus, ce
dernier n'est pas même libre comme celui des États-
Unis, d'apprécier ces limites à son gré, mais lié par
les lois et arrêtés rendus par l'Assemblée fédérale. »

Aussi, de même que dans l'ancienne France, les
parlements furent les facteurs les plus discrets et les
plus efficaces de l'unification nationale et de la centralisation monarchique, le Tribunal fédéral est un
des plus puissants agents de destruction des autono-
mies locales, et l'importance du rôle politique qu'il
joue explique le soin minutieux que nous mettons à
indiquer l'étendue et la variété de ses attributions.

Le Tribunal fédéral connaît des contestations de
droit public entre cantons. Dans ces contestations
rentrent les rectifications de frontières intercantonales,
les conflits de compétence entre autorités de cantons
différents et les difficultés soulevées par l'application
des conventions intercantonales, quand ce ne sont
pas les intérêts ou les droits des particuliers qui sont
lésés.

Le Tribunal fédéral connaît des réclamations pour
violation des droits constitutionnels des citoyens,

ainsi que des réclamations des particuliers dans les cas qui ne sont pas réservés au Conseil fédéral ou à l'Assemblée fédérale, à condition qu'il s'agisse d'une décision ou d'un arrêté cantonal. « Les lois fédérales ne peuvent, dit M. Larnaude, dans son *Étude sur les garanties judiciaires qui existent dans certains pays contre les actes du Pouvoir législatif*, donner lieu à un semblable recours. » « Le Tribunal fédéral, dit Dubs, peut sans doute s'enquérir si les dispositions de ces lois ont été édictées dans les formes constitutionnelles, mais non pas si les dispositions de ces lois sont, pour le fond, en contradiction avec la constitution fédérale. » « Aussi, ajoute M. Larnaude, qui cite ce passage, ce tribunal, ni aucune autre juridiction suisse, ne peut refuser d'appliquer les lois fédérales sous prétexte qu'elles sont inconstitutionnelles. »

Le Tribunal fédéral connaît des contestations entre la Confédération et les cantons en matière fiscale.

Le Tribunal fédéral est aussi compétent dans quelques matières spéciales, renonciation à la nationalité suisse, contestations sur les rapports de droit civil des citoyens établis ou en séjour, différends en matière de tutelle entre le canton d'origine et le canton de domicile, difficultés entre le Conseil fédéral et une Compagnie de chemins de fer sur l'établissement du bilan annuel.

Enfin le Tribunal fédéral est appelé à statuer sur les oppositions à extradition formées par les individus dont un État étranger demande l'extradition.

On ne sera pas étonné de voir, dans certaines matières qui nous paraissent étrangères au droit public. le tribunal statuer comme Cour de droit public. L'extradition est presque un acte diplomatique, et la tutelle en Suisse est considérée comme une charge publique.

Dans toutes les matières, gratuité de l'équipement du soldat, écoles publiques cantonales, liberté du commerce et de l'industrie, interdiction de l'ordre des Jésuites, état civil et sépulture, où la loi a réservé compétence au Conseil et à l'Assemblée fédérale, les questions de for, exceptions de compétence ou contestations de domicile ressortissent au Tribunal fédéral.

S'il s'élève un conflit de compétence entre le Conseil fédéral et le Tribunal fédéral, c'est l'Assemblée fédérale qui le résout.

CHAPITRE IV

LE REFERENDUM

————

« Parmi les nations, écrivait Élisée Reclus en 1878 dans le troisième volume de la *Nouvelle Géographie Universelle*, c'est le peuple suisse qui s'est approché le plus de l'idéal, purement politique, du gouvernement direct par les citoyens. » Et il ajoutait en parlant de la Confédération :

« De toutes les républiques confédérées, c'est celle qui se rapproche le plus de l'idéal du gouvernement populaire. D'après sa constitution, le pouvoir de l'État réside dans la collectivité des citoyens : il est exercé directement par les électeurs, médiatement par les fonctionnaires et les employés. Le peuple exerce le pouvoir législatif soit par l'initiative directe des votants, soit par l'approbation ou l'improbation de tous les actes de la législature ayant une réelle importance. Même isolé, tout citoyen a droit de proposer une loi, et s'il obtient l'assentiment d'un treizième des électeurs, il peut consulter le canton sur son projet. Le pays tout entier forme donc un grand parlement dont chaque Suisse est un membre-né. »

Bien que les législations fédérale et cantonales

soient bien loin de présenter l'uniformité que leur
prête l'éminent géographe, l'appréciation d'une façon
générale est exacte et quatre ans plus tard, en décembre 1882, dans un article de la *Bibliothèque universelle et Revue Suisse* sur *la Démocratie et son avenir*, un
homme d'État helvétique, ancien et futur Président
de la Confédération, la confirmait en ces termes :
« Nulle part, écrivait-il, le peuple ne se gouverne
aussi directement ; nulle part on n'a pris autant de pré-
caution contre les abus de pouvoir et contre les excès
possibles de la majorité. Nous sommes le pays de la
démocratie par excellence. En est-il un autre dans
lequel toutes les questions imaginables relèvent du
suffrage universel? Où trouvera-t-on que les citoyens
soient appelés à décider si la vaccine obligatoire est
un bien ou un mal, si la protection des inventions
repose ou non sur un principe légitime, s'il est préférable d'avoir un secrétaire de l'instruction publique
ou de n'en point avoir? »

Aussi un ministre norvégien, dans l'interrègne qui
suivit la sécession du royaume de Saint-Olaf,
pouvait-il opposer à la République autocratique des
États-Unis, à la République monarchique de la France,
la République républicaine de la Suisse confédérée.

Formes
d'intervention
directe
du peuple.

L'intervention du peuple dans la Confédération se
présente sous trois formes : le vote des réformes constitutionnelles nécessairement soumises aux électeurs
l'initiative des réformes constitutionnelles ouverte aux
citoyens par la revision de 1891, le vote sur les lois et
les arrêtés d'une portée générale adoptés par l'Assemblée fédérale, ou, pour employer les expressions

dont se sert Théodore Curti dans un article publié par
la *Revue politique et parlementaire* en août 1897, le referendum constitutionnel, l'initiative constitutionnelle,
le referendum législatif.

De ces trois modes, le dernier seul doit nous occu-   Referendum.
per ici, car les deux premiers appartiennent au mécanisme de la revision, et ne sauraient être étudiés
qu'avec les organes des réformes constitutionnelles.

C'est dans le mouvement d'idées qui accompagna la   Origines
françaises.
Révolution française qu'il faut chercher l'origine des
formes modernes de la démocratie suisse. Le 11 octobre 1792, la Convention, où dominaient encore les
Girondins, élut un comité de constitution. Ce comité
élabora un projet dont Gensonné fut le rédacteur
et dont la théorie fut exposée dans un rapport de
Condorcet. Il tentait d'organiser la censure du peuple
sur les actes de la représentation nationale, mais il
le tentait d'une façon compliquée et confuse qu'a
relevée M. Edmond Biré dans sa *Légende des Girondins*.
« Qui croirait, s'écriait Marat, critiquant dans le *Journal de la République* le projet à son apparition, qui
croirait que, pour proposer une nouvelle loi ou en
révoquer une ancienne, on tienne cinq millions d'hommes sur pied pendant six semaines? C'est un trait de
folie qui mérite aux législateurs constitutifs une place
aux Petites Maisons avec d'autant plus de justice
qu'ils ne permettent pas à leurs collègues de se
tromper, car ils excluent du sénat pour une session
entière tout membre qui aurait voté pour un décret
qui serait rappelé. »

La constitution montagnarde du 24 juin 1793,

« plus simple, plus logique et plus praticable », dit M. Duvergier de Hauranne, offre pour la première fois nettement formulées les règles du régime démocratique des modernes.

D'après cette constitution, le Corps législatif propose des lois et rend des décrets. C'est suivant leur objet que les actes du pouvoir législatif sont lois ou décrets. Sont lois les mesures permanentes et générales comme les codes civils et criminels, l'administration des domaines, les monnaies, l'établissement des contributions et aussi — chose assez bizarre — la déclaration de guerre et les honneurs rendus aux grands hommes. Sont décrets les actes concernant le budget et le contingent, les mesures permanentes mais spéciales, ou générales mais temporaires, les mesures de sûreté et de tranquillité nationale et aussi — contre-partie non moins singulière — la ratification des traités et les récompenses nationales. Les décrets étaient définitifs, les lois au contraire n'étaient que proposées. On envoyait dans chaque commune un exemplaire du projet, et si, dans les quarante jours, dans la moitié des départements plus un, le dixième des assemblées primaires régulièrement formées réclamait, le Corps législatif devait réunir les assemblées primaires qui l'adoptaient ou le rejetaient. S'il n'y avait pas de réclamation, le projet devenait loi de plein droit à l'expiration de ce stage. Ces principes sont encore au fond ceux que suit la Confédération helvétique, seul pays qui ait adopté ou plutôt ressuscité après quatre-vingts ans les règles de la constitution d'Hérault de Séchelles.

Ce n'est pas à dire cependant que ces procédés Origines suisses. de législation démocratique ne remontent pas au delà de la Révolution française. Certains cantons de la Suisse ont admis de temps immémorial l'intervention directe du peuple. Mais ils ne l'ont admise que sous une forme pour ainsi dire tumultuaire. Les habitants des cantons entiers d'Uri, de Glaris, morcelés d'Appenzell, d'Unterwald, n'ont jamais interrompu leurs assemblées souveraines, qui remontent au temps où des colons germains vinrent pour la première fois peupler les vallées et les clairières des montagnes et des forêts alpestres.

M. Eugène Rambert a donné, dans un article de la Landesgemeinde. *Bibliothèque universelle et Revue Suisse* de décembre 1871, un pittoresque tableau des assemblées populaires de la Suisse. « Chaque Landesgemeinde, dit-il, a sa physionomie particulière très prononcée. Celles d'Unterwald à Sarnen et à Stanz sont des pastorales. Elles ressemblent au pays, le plus idyllique de la Suisse entière. » Dans les Rhodes intérieures les mœurs sont sévères et les lois plus encore : cette empreinte de gravité est fortement marquée dans le « cérémoniel » de la Landesgemeinde. Le cortège officiel doit traverser une partie du bourg pour se rendre sur la place où le peuple s'assemble ; il s'avance avec une lenteur si solennelle qu'elle en devient presque lugubre. Les couleurs cantonales blanc et noir ne contribuent pas à l'égayer. Pour la majesté de la scène, pour la magnificence du cadre dont l'entoure la nature, la Landesgemeinde d'Uri est la plus belle. Ce qui frappe encore, c'est le contraste entre la dignité solennelle des magistrats et une simplicité de mœurs qu'atteste aussi bien la modestie du lieu et du mobilier, une prairie et des tréteaux rustiques, que l'aspect des assistants, aux vêtements montagnards, aux visages hâlés, aux mains calleuses.

Les Landesgemeinde d'Unterwald, Haut et Bas, des Rhodes intérieures, d'Uri, en un mot des cantons ou demi-cantons catholiques sont dites les « petites Landesgemeinde ». Les grandes sont celles des cantons ou demi-cantons protestants, Glaris et Rhodes extérieures. « Glaris, dit M. Rambert, est deux fois et les Rhodes extérieures trois fois plus peuplées qu'Uri. »

A Glaris, la réunion de la Landesgemeinde est précédée de la distribution d'une sorte de compte rendu intitulé Mémorial, qui contient les lois sur lesquelles le peuple doit se prononcer et un rapport sur les finances. Le Mémorial pour 1871 ne formait pas moins de soixante-sept pages in-quarto imprimées en petit texte.

Le prince Roland Bonaparte, qui a assisté en 1890 à la Landesgemeinde de Glaris, la décrit ainsi :

« Le peuple se rassemble sur la principale place de la ville. Des estrades y sont construites tout autour; elles forment un ovale dont le grand cercle a 80 pas de long. Au centre une tribune est élevée pour le Landamman et les deux Chanceliers.

« Le dimanche 4 mai, à neuf heures, la foule était déjà grande devant la maison du Gouvernement. Une compagnie du 85e régiment rendait les honneurs. A dix heures le cortège se forme. En tête un peloton d'infanterie; derrière, la musique; puis des huissiers habillés aux couleurs du canton, manteau et tunique

rouges avec deux bandes noire et blanche sur le côté
et sur la manche. L'un porte la pointe en l'air et nue, une
grande épée à deux mains, l'autre, la main de justice.

« Arrivé sur la place, le Landamman sortant monte
seul sur la plate-forme qui lui est destinée et auprès
de laquelle sont assis les enfants de la ville qui viennent ainsi faire leur éducation de citoyens en appre-
nant leurs droits et leurs devoirs.

« L'huissier remet au Landamman la grande épée
à deux mains sur laquelle il ne cesse de s'appuyer
pendant toute la Landesgemeinde qui durera plus de
trois heures. Dans son discours, le Landamman parla
longuement de la conférence (ouvrière) de Berlin — il y
avait représenté la Suisse. — Après quoi l'on passa aux
élections. C'est lui qui les dirigera toutes. Mais quand
il s'agit de le renommer, il fit monter à la tribune le
plus ancien membre du Gouvernement auquel il donna
l'épée. Celui-ci proposa au peuple de confirmer pour
trois ans les pouvoirs qu'il lui avait confiés en 1887.
On vota cette proposition à l'unanimité. L'épée fût
alors rendu au Landamman réélu qui continua à diriger les débats.

« Après les élections, on passa aux projets de lois.
Des citoyens demandèrent la parole pour les discuter,
plusieurs parlèrent contre. L'un d'eux surtout avait
une voix magnifique qu'on entendait distinctement
d'un bout de la place à l'autre. A ce moment, le spec-
tacle était particulièrement curieux. L'orateur était
écouté avec la plus vive attention par les 4500 électeurs réunis sous nos yeux.

« Plusieurs projets de loi furent repoussés à une

grande majorité, entre autres, celui d'un nouveau système d'impôts. La proposition d'établir une assurance mobilière obligatoire fut également rejetée.

« A une heure et demie la Landesgemeinde était terminée. Mais les électeurs n'avaient pas attendu ce moment pour se disperser et les dernières lois furent votées par un très petit nombre de citoyens qui ne craignaient pas de braver le soleil et la faim. »

La Landesgemeinde des Rhodes extérieures, qui se tient alternativement à Torgen et à Hundwyl, est la plus nombreuse de toutes : elle compte 10 à 11 000 assistants. Tous les citoyens aptes à voter y portent, souvent d'une façon peu martiale, sous le bras, ou bourgeoisement réuni au parapluie, un insigne militaire, épée, sabre ou couteau de chasse.

« Cette institution, dit Dubs, en parlant des Landesgemeinde, cette institution, que nous a transmise une antiquité reculée, est entourée d'un charme poétique. Ici se rassemble encore le peuple entier avec ses magistrats pour prendre de sérieuses décisions touchant le bien du pays. L'assemblée s'ouvre sous une impression solennelle, souvent par la prière ou par une allocution adressée à l'assemblée par le chef du pays. Tout honnête citoyen apparaît comme un membre de la famille du peuple jouissant des mêmes droits que tous les autres. Ici disparaissent, dans la sublime idée de l'unité, les inégalités sociales et les petits intérêts de clocher. Les pensées égoïstes se taisent devant les peines et les joies de la patrie. Le sentiment de l'unité et de la solidarité anime tout le peuple et lui inspire la volonté de faire des sacrifices pour la patrie.

« Une Landesgemeinde à laquelle prennent part, en dehors du cercle, la femme et les enfants en un jour de printemps, sous le ciel libre de Dieu, à la face de nos montagnes, boulevards de notre liberté, est la plus belle et la plus complète personnification de la démocratie. Tout ce qu'elle peut offrir d'autre en échange ne sera jamais qu'un faible succédané de cette vivace unité du peuple. Même lorsqu'elles sont orageuses, les Landesgemeinde conservent une grandeur sublime, comme les forces de la nature quand elles sont déchaînées. Il est vrai que lorsque les passions sont soulevées, elles ne sont ni moins dangereuses ni moins meurtrières que les éléments déchaînés. »

Au fond, ces assemblées ne sont qu'un procédé primitif de consultation populaire. Ce qui imprime, en réalité, à un semblable régime son caractère démocratique, ce n'est pas l'agglomération matérielle de tout un peuple dans un même lieu ; c'est, et c'est uniquement, que toutes les lois sont soumises à la ratification du peuple et que tous les membres du gouvernement sont élus directement par lui. Donnez les mêmes attributions aux habitants d'un canton, quand même ils ne les exerceraient qu'en déposant un bulletin de vote dans une urne, et vous aurez une organisation, au fond, aussi démocratique que celle du canton natal du légendaire Guillaume Tell.

Aussi dans les cantons où une population nombreuse eût fait obstacle à la réunion d'un congrès d'électeurs, si les citoyens y ratifient la loi, c'est par suffrages écrits que cette ratification est donnée.

On s'explique ainsi qu'en 1848 Schwyz et Zoug aient aboli la Landesgemeinde et adopté le referendum ; ils n'abjuraient pas la démocratie ; ils substituaient à la forme antique une forme plus moderne de législature populaire. D'ailleurs, comme le dit M. Arthur Desjardins, le désir de participer à la souveraineté publique est resté dans le cœur des citoyens.

On pourrait être tenté d'objecter que dans la Landesgemeinde, le peuple peut prendre la parole et discuter la loi, tandis que dans le referendum il ne fait que la juger. Mais cette distinction, exacte en principe, s'évanouit dans la pratique.

« Dans la Landesgemeinde, dit M. Brissaud, le peuple légifère. Mais comme il n'est guère possible d'y discuter les lois d'une manière approfondie, la vérité est que le peuple ne les fait pas : il se contente d'approuver ou de rejeter les projets de loi qu'on lui soumet — à peu près comme les comices de l'ancienne Rome. Le peuple joue le même rôle au cas de referendum ; il ne fait pas la loi ; il la ratifie ou la désapprouve, de telle sorte que le referendum est l'équivalent de la Landesgemeinde pour les États où celle-ci est matériellement impraticable. »

Referendums du Valais et des Grisons. Le mot de referendum semble tiré soit de la tradition des diètes où les délégués quand ils n'avaient pas de pouvoirs suffisants ne se prononçaient que sous bénéfice de l'approbation de leurs Gouvernements respectifs et, comme on dit en style diplomatique, *ad referendum*, soit d'usages particuliers à deux cantons Suisses, le Valais et les Grisons.

Ces États étaient composés de petites républiques

indépendantes. La diète cantonale n'était que la réunion des députés de ces districts autonomes. Congrès de diplomates, elle ne statuait que sous réserve de la ratification des Gouvernements locaux. Dans le Valais, sur les dix dixains, l'opposition de quatre dixains, sorte de minorité de faveur, suffisait pour infirmer la décision de la diète. Ce referendum soumettait les résolutions communes à l'assentiment, non du peuple, mais des autorités locales, des oligarques de district. Aussi le referendum passait-il pour un instrument de politique rétrograde, et il fut, à ce titre, aboli en 1802.

En revanche à Berne et à Zurich, on soumettait aux assemblées communales réunies sous la présidence d'un délégué du Conseil de la ville ou des autorités locales les décisions à prendre dans les circonstances graves. C'est ce qu'on appelait « la demande au peuple » *Volksanfrage*. A Berne la plus ancienne de ces demandes remonte à 1449 et eut lieu à l'occasion d'une taxe personnelle. Au xvie siècle on ne compta pas moins de 69 votations populaires, notamment sur la paix perpétuelle avec la France en 1516, sur la libre prédication en 1524 et 1526, sur le mariage des prêtres en 1527, sur la réforme ecclésiastique en 1528. De même qu'en France l'opposition des députés de la Bourgogne aux États de Cognac empêcha François Ier de livrer leur province cédée à Charles-Quint par le traité de Madrid (14 janvier 1526), de même le sentiment hostile des populations consultées dans une *Volksanfrage* empêcha les Bernois de livrer au duc de Savoie Genève qu'ils lui avaient cédé par le traité de Nyon (1589). D'après

Demandes
au peuple,
à Berne
et à Zurich.

M. Deploige, le referendum à Berne était facultatif tandis que dans les Grisons il était obligatoire. M. Dunant pense au contraire que le vote des autorités communales était nécessaire à Berne pour la promulgation des arrêtés. Facultatif ou obligatoire, le referendum bernois fut aboli par le patriciat en 1612.

A Zurich, les « demandes au peuple » étaient faites par des délégués que le « très magnifique » conseil de la ville envoyait dans les communes : ces consultations, dont la plus ancienne mention remonte à 1551, ne se produisaient qu'à propos des affaires extérieures ou pour les résolutions importantes d'ordre intérieur. Elles disparurent au début du xviiᵉ siècle.

Enfin à Genève, se réunissait depuis 1354 un Conseil général ou assemblée des bourgeois qui, en même temps qu'il élisait les syndics, sanctionnait les lois et les arrêtés. Mais le Conseil des cinquante, devenu plus tard des soixante, et enfin des deux cents attira et finit par accaparer, en 1457, tout le pouvoir législatif. Cependant, en 1707, le Conseil général fut rétabli dans certaines de ses attributions. La lutte entre l'institution restaurée et l'aristocratie remplit tout le xviiiᵉ siècle et ne cessa qu'à la réunion de Genève à la France. Elle donna lieu notamment en 1762 à des démêlés d'où sortirent *Les lettres de la Campagne* de Tronchin et la réponse de Jean-Jacques Rousseau, *Les lettres de la Montagne*, et que M. Édouard Rod a récemment racontés dans l'*Affaire Jean-Jacques Rousseau*. M. Vuy avait déjà signalé que le philosophe de Genève avait puisé l'idée et certaines conceptions du

Contrat social dans la constitution épiscopale de sa ville natale.

Le mouvement qui emporta les cantons vers la forme nouvelle de la démocratie est à peu près contemporain de la révolution française de 1830. « Je ne connais qu'un principe, déclarait en 1831 le major Diog, de Rapperswyl, dans l'Assemblée constituante de Saint-Gall, je ne connais qu'un principe, la souveraineté du peuple. Le souverain est le supérieur, sa volonté est loi. On me parle d'une souveraineté représentative, mais celui qui délègue n'est plus souverain. On a déclaré le peuple majeur : si on lui donne pour tuteur le Grand Conseil, il n'est plus majeur. » Mais il n'aspirait pas à l'extension des Landesgemeinde : il réclamait pour le peuple le droit d'approuver ou de rejeter au scrutin les mesures législatives ou les arrêtés d'exécution et de présenter des projets de loi. Si c'était le vieil esprit démocratique qui reparaissait, il avait passé un habit à la française.

Mouvement démocratique de 1830.

Rien n'est plus confus que l'histoire de la votation populaire dans les cantons suisses : si tous, à l'exception de Fribourg, l'ont adoptée, ils lui ont donné les uns la forme de veto, les autres la forme de referendum. « Beaucoup d'entre eux, dit Hilty, ont changé à diverses reprises de système. » Nous devons donc nous borner à un aperçu sommaire de l'évolution constitutionnelle des cantons.

Modes modernes de votation populaire dans les cantons

La constitution de Saint-Gall, en date du 1er mars 1831, admit la faculté pour cinquante citoyens de chaque commune dans les quarante-cinq jours de

Veto.

la promulgation d'une loi, de provoquer une assemblée communale. Si cette assemblée se prononçait contre la loi, sa délibération avec le nombre des opposants était transmise aux autorités cantonales. Si la majorité des citoyens se prononçait contre la loi, la loi « tombait »; mais l'on comptait comme acceptant tous les non votants. Cette innovation qui s'explique peut-être par le caractère de ce canton, formé de lambeaux arrachés à l'évêché de Bâle et cousus à quelques communautés protestantes, fut adoptée, l'année suivante, par le canton de Bâle campagne. Ce veto surprenait les publicistes comme une sorte de monstre politique. Après avoir critiqué la ratification populaire des constitutions, Cherbuliez, professeur de droit public et d'économie politique à Genève, écrivait en 1838, dans sa *Théorie des garanties constitutionnelles* : « On a fait ensuite une application bien plus étrange du veto populaire. Dans les cantons de Saint-Gall et de Bâle campagne toutes les lois y sont soumises ou, pour parler plus exactement, peuvent y être soumises. Elles sont censées adoptées lorsque, au bout d'un certain délai à partir de leur promulgation, aucune opposition ne s'est manifestée dans la forme prescrite. Si l'opposition a lieu, les communes s'assemblent, et les voix pour et contre sont comptées. L'organisation de ce contrôle démocratique est, comme on voit, de nature à le rendre fort rare et par conséquent, à peu près inoffensif. Ce qui en fait une anomalie, c'est qu'il est accolé à deux gouvernements strictement représentatifs, tandis que les autres États de la Suisse où la masse du peuple est appelée à voter les lois ont des constitutions démocratiques. »

Le veto auquel on reprochait des allures turbulentes — « l'orage du veto » « vetosturm » était, dit M. Brissaud, une expression passée en proverbe » — fut, à ce qu'indique M. Dunant, adopté par le Valais en 1839, Lucerne et Schaffouse en 1841, mais il échoua à Zurich en 1842, et depuis seule la Thurgovie l'adopta en 1849. Une autre forme d'intervention populaire tendit à le supplanter, le referendum.

En quoi diffèrent le veto et le referendum ? C'est ce que les auteurs n'établissent pas très nettement. « Le veto, dit M. Dunant, qui convient d'ailleurs qu'il n'y a entre les deux institutions qu'une très légère différence, le veto avait le tort de ne s'exercer que sur un nombre de lois bien inférieur à celui du referendum et de ne représenter pour le peuple qu'un droit beaucoup trop limité. Il diffère de plus du referendum facultatif en ce qu'il avait un caractère purement négatif. Le referendum facultatif implique l'idée du désir d'une votation générale tandis qu'avec le veto le rejet de la loi était immédiatement et formellement prononcé. » « Le veto, dit M. Deploige, est le droit du Corps électoral de *rejeter* endéans un certain délai à la majorité des voix des électeurs *inscrits* des lois votées par le Grand Conseil. Le referendum est le droit du Corps électoral de sanctionner (*d'accepter ou de rejeter*) endéans un délai déterminé la loi nouvelle à la majorité des électeurs *votants*. » Mais ni la restriction à certaines lois de la consultation populaire, ni l'addition au chiffre des approbateurs de la loi du nombre des abstentionnistes ne sont l'apanage exclusif du veto et, quant au caractère négatif qu'on lui reconnaît, le referendum facultatif sous une forme adoucie ne le présente-t-il pas aussi? Car ce ne sont pas en général les partisans d'une loi qui demandent qu'elle soit soumise à une votation populaire. Si l'on se reporte à la constitution de Saint-Gall qui donna, pour ainsi dire, l'archétype du veto, on voit qu'entre le veto et le referendum il n'y a guère qu'une différence d'organisation : le veto se forme par l'addition des oppositions des assemblées communales réunies chacune à la demande de cinquante de leurs membres. Le referendum résulte du vote global de l'ensemble du pays. D'ailleurs la différence est si peu sensible que ce que la constitution de Soleure de 1846 appelle veto est, comme le constate M. Deploige, un referendum facultatif.

Formes
du referendum. Le referendum présentait deux combinaisons : le referendum facultatif où la votation populaire n'avait lieu que si un certain nombre de citoyens la réclamait; le referendum obligatoire où tout projet voté par l'Assemblée ne devenait loi que s'il avait été adopté par le peuple.

Le referendum facultatif fut inauguré par le canton de Vaud en 1845. En 1846 Lucerne et en 1848 Schwyz et Zoug en abolissant leurs Landesgemeinde, en 1852 l'Argovie l'inscrivirent dans leurs constitutions; en 1852 le Valais, qui avait en 1848 aboli son referendum traditionnel restauré en 1815, et en 1858 Neuchâtel adoptèrent le referendum facultatif en matière de finances.

Ce fut le demi-canton de Bâle campagne qui prit l'initiative du referendum obligatoire en 1863. Six ans plus tard, en 1869, il était adopté par Zurich, Berne, Thurgovie et Soleure, et, en 1870, par l'Argovie.

On ne s'arrêta pas là. On voulut donner au peuple non seulement le droit d'arrêter les lois qui lui déplaisaient, mais encore le droit de proposer celles qui lui agréaient. L'initiative fut introduite avec le referendum facultatif dans le canton de Vaud en 1845, en Argovie en 1852.

Actuellement la Landesgemeinde subsiste dans les cantons de Glaris et d'Uri, dans les demi-cantons d'Appenzell (Rhodes intérieures et Rhodes extérieures) et d'Unterwald (Obwalden et Nidwalden). Le referendum se présente sous deux formes : le referendum facultatif existe dans les cantons de Genève, Lucerne, Neuchâtel, Saint-Gall, Schaffouse, Tessin, Vaud, Zoug et dans le demi-canton de Bâle ville ; le referendum obligatoire existe dans les cantons d'Argovie, de Berne, des Grisons, de Schwytz, de Soleure, de Thurgovie, du Valais, de Zurich, et dans le demi-canton de Bâle campagne. Le budget est partout soustrait au vote populaire. Berne, qui avait soumis au referendum obligatoire son budget quadriennal, a dû renoncer à ce système en présence de rejets répétés de la loi de finance par le peuple ; il en a été de même en Argovie. Mais, dans un grand nombre de cantons, toutes dépenses un peu considérables sont sujettes au referendum facultatif ou obligatoire, et, dans le Valais, le referendum ne s'applique pas aux lois, mais seulement aux dépenses extraordinaires. Enfin l'initiative législative, c'est-à-dire le droit pour les citoyens de proposer directement un projet de loi au peuple, existe

État actuel des institutions démocratiques dans les cantons.

dans les cantons d'Argovie, Berne, Genève, Grisons, Neuchâtel, Saint-Gall, Schaffouse, Schwytz, Soleure, Tessin, Thurgovie, Vaud et Zurich, et dans les deux demi-cantons de Bâle. Seul le canton de Fribourg est jusqu'ici resté réfractaire aux diverses formes de démocratie directe.

Introduction du referendum dans la Confédération. C'est en 1864 que commença à se dessiner un mouvement favorable à l'introduction des institutions populaires dans la constitution fédérale : ainsi qu'on l'a souvent remarqué, les cantons servent à la Confédération de champ d'expérience pour les innovations.

Le projet de revision élaboré par l'Assemblée fédérale en 1872 admettait à la fois le referendum et l'initiative législative. Le veto proposé par M. Anderwert n'avait réuni que 19 voix contre 69. Aux termes de l'article 80 du projet, 50,000 électeurs ou cinq cantons pouvaient demander l'abrogation ou la promulgation d'une loi : les Conseils examinaient si la proposition était ou non contraire au droit public fédéral. Ne leur paraissait-elle pas contraire? L'Assemblée élaborait le projet. Leur paraissait-elle contraire? Le peuple était consulté et l'on n'élaborait le projet que s'il se montrait favorable à la proposition.

L'initiative, combattue par Carteret, fut appuyée par des modérés comme Dubs et Feer Herzog.

Le referendum au contraire fut vivement combattu par le centre libéral, partisan exclusif des institutions représentatives. A ceux qui invoquaient les vieilles assemblées suisses, Welti répondait : « La Landesgemeinde n'a rien de commun avec le referendum, c'est une forme vraie et vivante tandis qu'il n'est qu'une forme morte, de la démocratie sur le papier. Dans la Landesgemeinde, chacun se sent citoyen agissant dans la plénitude de sa souveraineté, mais prêt à se soumettre à la majorité. Dans le referendum, l'homme est remplacé par le bulletin : c'est la représentation du principe des atomes. »

La droite reprochait au referendum, tel qu'il était organisé par le projet, de n'exiger pour l'adoption d'une loi que la majorité seule des citoyens et non la majorité double des citoyens et des États. Elle faillit l'emporter, car l'article exclusif du vote dès cantons ne passa qu'à 54 voix contre 52 au Conseil national et 20 voix contre 19 au Conseil des États.

« On demandait, dit M. Droz, surtout du côté catholique, que les lois ne fussent considérées comme adoptées que si elles avaient reçu l'adhésion de la majorité des cantons comme c'est le cas pour la constitution fédérale ; mais cette proposition fut repoussée : on craignait qu'il n'en résultât des conflits trop fréquents entre la majorité populaire et celle des cantons, ce qui aurait pu ébranler notre organisation fédérale. C'est un manque de logique, si l'on veut, mais les institutions suisses ne sont pas basées sur une logique inflexible, elles sont, au contraire, le produit d'une série de compromis entre la raison historique et les idées modernes. Et la raison historique a dû souvent céder devant les exigences nouvelles : l'expérience a prouvé que c'est le seul bon moyen de maintenir l'équilibre national. »

Les craintes que signale M. Droz étaient singulièrement exagérées. M. Signorel ne cite que deux lois à propos desquelles il y ait eu désaccord entre la majorité du peuple et la majorité des cantons. L'une est la loi du 23 mai 1875 sur l'état civil et le mariage qui, si elle réunit 213 199 voix contre 205 069, ne réunit la majorité que dans neuf cantons et demi. L'autre est la loi du 17 novembre 1889 sur la poursuite pour dettes et la faillite qui, si elle réunit 244 317 voix contre 217 921, n'obtint la majorité que dans huit cantons.

Referendum et initiative échouèrent dans le naufrage général du projet à la votation populaire du 24 mai 1872. On élabora un nouveau projet d'où l'initiative législative disparut et qui n'admettait que le referendum, un referendum facultatif sur les lois ou les arrêtés fédéraux d'une portée générale et qui devint la constitution du 24 mai 1874.

Le débat n'a pas cessé entre adversaires et partisans du referendum.

Les adversaires du referendum objectent que le peuple est impropre à faire la loi, que, fût-il capable de la faire, on ne lui en donne pas les moyens, car, d'un côté, à moins d'admettre le système de Rittinghausen dont Louis Blanc jadis démontra l'impossibilité pratique, on ne peut conférer à chaque citoyen le droit d'amendement, et, d'un autre, suivant le mot de M. Faguet, l'électeur ne pouvant non plus demander « la division », se trouve dans l'alternative « insensée » d'une adoption ou d'un rejet en bloc. Aussi, arrive-t-il qu'il rejette une loi entière pour repousser une disposition déplaisante ou adopte un code complet, séduit qu'il est par un détail flatteur. Il rejette une loi, non par amour de l'ordre, mais par attachement à la routine :

car le progrès a toujours été le fait d'une élite remor-
quant les masses, et c'est ce qui suggérait à Littré
dans son *Application de la philosophie positive au gouvernement des sociétés et en particulier à la crise actuelle*,
publiée en 1848, l'idée de réserver l'élection des trois
seuls législateurs qu'il admît au peuple de Paris, le
seul groupe social qui lui parut suffisamment pro-
gressiste. Il rejette une loi par camaraderie : « Je me
souviens très bien, dit Hilty, de la réponse d'un brave
paysan à qui je demandais pour quelle raison tous les
hommes de son village avaient signé une demande de
referendum. Il me répondit qu'un natif de sa vallée
était venu de la capitale du canton pour recueillir des
signatures. Il nous a dit qu'il recevait dix centimes
par signature, ce qui lui fera du bien, tandis qu'il
devait nous être égal que la loi passât ou non. Et
ainsi nous avons signé. » Il rejette une loi même sans
raison : car comment les « armaillis », comme les
appelait M. Welti, pourraient-ils comprendre certaines œuvres législatives, se rendre compte de
leurs dispositions et des motifs qui les ont fait adopter? Avec le referendum, le législateur sentant son œuvre précaire est porté à la négliger, ou à adopter des
mesures plutôt agréables qu'utiles. Enfin le peuple
qui « sent et ne voit jamais », comme le remarquait
Balzac, dans un de ses aphorismes politiques récemment publiés, peut s'abandonner à des entraînements
irréfléchis et est au moins autant que ses représentants
accessible aux passions sectaires.

Les partisans du referendum répondent que, si la
volonté du peuple doit toujours prévaloir, le plus sim-

ple est de le consulter lui-même. Le referendum n'est qu'une forme perfectionnée des comices antiques, une adaptation aux besoins modernes de cette « libre liberté » dont parlait Machiavel. Sans doute le peuple ne peut ni amender ni choisir : c'est à lui de faire la balance des avantages et des inconvénients de la loi nouvelle, et c'est ce que sont réduits à faire, comme le remarque M. Duthoît, les membres des assemblées lors du scrutin final sur l'ensemble d'un projet. D'ailleurs bien des rejets ne sont que des renvois à correction et le peuple ne fait que signaler aux législateurs les défectuosités de leur œuvre. Le peuple est éclairé par les brochures, les conférences, les articles et les discours que provoque un referendum. Peu à peu il acquiert conscience de ses droits et il accepte plus volontiers des règles qu'il a édictées lui-même. Il s'accoutume à ne pas « anthropomorphiser » ses aspirations, pour employer le mot de M. Robert de la Sizeranne, et la masse du pays étrangère aux factions trouve dans la faculté de rejeter un frein qui lui permet d'arrêter les ardeurs inconsidérées des groupes politiques.

Mais si le débat n'a pas cessé, un curieux chassé-croisé est opéré entre les partisans et les adversaires du referendum. Car les débuts au XIXe siècle de la démocratie pure dont Hardenberg ajournait l'avènement à l'an 2240 semblent justifier les prévisions de Grote pour qui le mal à craindre de ce régime était : « trop de conservatisme plutôt que de radicalisme ».

« L'institution, dit M. Vincent, l'institution est une réalisation de démocratie qui surpasse les plus chères espérances des théoriciens révolutionnaires et cependant elle renferme un élément conservateur qui a surpris ses premiers promoteurs. Ce devait être une arme de démocratie et de progrès et les libéraux s'aperçurent, au bout de quelque temps, que le peuple ne voulait pas marcher aussi vite qu'ils le souhaitaient et pouvait se servir du referendum pour arrêter l'une et l'autre. »

D'ailleurs ce ne sont pas des raisons théoriques et des conceptions doctrinales qui ont décidé l'adoption du referendum.

Comme l'a fait observer M. Deploige, le referendum est né en Suisse de circonstances locales. Les cantons, à peine grands comme nos départements et infiniment moins peuplés, n'ont jamais eu qu'une seule Assemblée. Dans la période de naissance du referendum, de 1830 à 1850, tous les Gouvernements cantonaux étaient élus par les Assemblées : on ne crut pas pouvoir leur donner un droit de veto sur les décisions du Grand Conseil dont ils étaient issus. Il résulta de ces pouvoirs sans limite des parlements locaux une tyrannie de parti contre laquelle on chercha un remède : la pensée de chercher un frein à l'omnipotence des représentants, dans un veto populaire conforme aux traditions des Landesgemeinde, facilité d'ailleurs par la faible étendue du pays et le petit nombre des électeurs, se présentait naturellement à l'esprit, d'autant que la Révolution de 1830 avait dépossédé de leur hégémonie les aristocraties cantonales et que toute Seconde Chambre eût nécessairement présenté une apparence réactionnaire. On adopta donc le veto que l'on transforma en referendum. Une fois admis dans la plupart des constitutions cantonales, il devait naturellement être introduit dans la constitution fédérale sans qu'on s'aperçût qu'il faisait double emploi avec un autre frein introduit par la constitution de 1848, le Conseil des États, c'est-à-dire cette seconde Chambre qui faisait défaut dans toutes les constitutions cantonales. Il passa, en 1874, d'autant plus aisément dans la charte commune qu'il semblait au parti dominant des centralistes un instrument d'unification par la suppression du suffrage des cantons.

Dans un pays comme la Suisse, peuplé seulement aujourd'hui de 3 315 000 habitants, « un peu moins que Londres et un peu plus que Paris », une longue pratique du *self government* communal, un état républicain traditionnel, une large autonomie cantonale, vestige à peine atténué d'une souveraineté originelle, le dégagement des soins extérieurs dû à une neutralité garantie par l'Europe entière, tout conspirait à favoriser cet essai limité de démocratie directe.

Le referendum d'ailleurs se trouvait répondre dans la Confédération à des nécessités analogues à celles qui l'avaient fait instituer dans les cantons. En effet, la plupart des cantons ayant confié au suffrage universel le choix des membres du Conseil des États originairement dévolu aux Grands Conseils, les deux sections de l'Assemblée fédérale, comme les appelait déjà la constitution de 1848, tendent de plus en plus à n'être qu'une seule Chambre en deux compartiments et le contrepoids du Conseil national ne saurait guère être cherché comme jadis dans le Conseil des États.

Enfin, l'absence de grands partis, comme ceux d'Angleterre ou d'Amérique, le fourmillement des groupes, la multiplicité de ruisseaux d'opinion qui, suivant l'expression de Gambetta, se perdent dans le sable avant d'arriver au pied de la tribune, rendaient utile une institution qui permît aux opposants nombreux, mais dispersés, de former, en s'unissant, une barre qu'il fût impossible à la loi de franchir.

Quoi qu'il en soit, l'article 89 de la constitution du 29 mai 1874 porte : « Les lois fédérales sont soumises à l'adoption ou au rejet du peuple, si la demande en est faite par 30,000 citoyens actifs ou par huit cantons. Il en est de même des arrêtés fédéraux d'une portée générale et qui n'ont pas un caractère d'urgence. » On le voit, tandis qu'en matière constitutionnelle la consultation nationale est de droit et n'a pas besoin d'être provoquée, en matière législative elle doit être demandée par un groupe important de citoyens ou de cantons.

La constitution ne faisait que poser la règle. Une loi du 18 juin 1874 est venue en régler l'application et organiser « les votations populaires ».

Le referendum ne s'applique pas à tous les actes de l'Assemblée fédérale. « Le texte même de la constitution, dit M. Arthur Desjardins, lui soustrait les arrêtés fédéraux à la différence des lois fédérales, quand ils n'ont pas soit une portée générale, soit un caractère d'urgence. Mais comment distinguer la loi de l'arrêté ? C'est ce que le Conseil fédéral n'a pas cru pouvoir faire dans le message joint à la loi sur les votations populaires du 17 juin 1874 sous prétexte qu'une définition, quelque bonne qu'elle soit, sera toujours sujette aux interprétations. L'Assemblée fédérale s'est donc attribué le droit de décider pour chaque cas spécial si un décret législatif est une loi ou un arrêté, si la loi ou l'arrêté est ou n'est pas d'une portée générale et présente un caractère d'urgence. On arrive ainsi dans la pratique à soustraire au referendum, outre les arrêtés pris pour des cas concrets, par exemple ceux qui accordent la garantie aux constitutions cantonales, les traités avec les États étrangers, le budget annuel et l'approbation des comptes d'État, les crédits pour l'acquisition du matériel de guerre, les subventions pour la correction des rivières et la construction des routes. »

De même, l'arrêté du 50 mars 1894, prescrivant la construction d'un palais du Parlement et affectant à cet objet un crédit de six millions, ne fut pas considéré comme sujet au referendum. Mais les mesures soustraites au referendum n'en sont pas moins justiciables de l'opinion des citoyens qui n'ont pas besoin d'être convoqués dans leurs comices pour manifester leur approbation ou leur blâme. On le vit à propos du projet de palais du Parlement. « Une vive agitation populaire, écrivait M. Droz en 1894, s'était produite à ce sujet. Les adversaires de cette dépense espéraient intimider les Chambres. Il y a une année déjà (24 mars 1893) que le Conseil fédéral a décidé cette construction ; mais le Conseil des États avait ajourné sa décision par crainte d'impopularité. Dans la dernière session, il a pris son courage à deux mains et a adhéré (50 mars 1894) à la décision de l'autre Chambre. »

Si le peuple ne fut pas appelé à se prononcer sur cette mesure, elle devint un argument qu'exploitèrent les partisans du *Beutezug*, du partage du produit des douanes entre la Confédération et les cantons.

Le caractère arbitraire du droit de qualification, ainsi laissé à l'Assemblée fédérale, a été critiqué par la plupart des jurisconsultes suisses, Blumer, Dubs, Hilty.

Les cantons où existe le referendum doivent, aussi bien que la Confédération, distinguer les actes de la législature qui en relèvent et ceux qui en sont affranchis, mais ils semblent avoir plus heureusement opéré ce départ. « Plusieurs constitutions cantonales, dit M. Deploige, celles d'Argovie et de Zurich par exemple, ont mis fin à l'incertitude fâcheuse qui règne dans le droit public fédéral sur la question de savoir quels sont les droits du peuple et quelles sont les attributions de la Chambre. Elles ont tranché la difficulté, non en formulant une définition abstraite de la loi et de l'arrêté, mais en dressant une énumération limitative des objets sur lesquels le Grand Conseil peut légiférer souverainement par voie d'arrêté cantonal. »

Les lois et les arrêtés d'une portée générale, sujets au referendum, sont publiés dans la *Feuille fédérale* et communiqués aux gouvernements cantonaux.

Dans les quatre-vingt-dix jours de la publication dans la *Feuille fédérale*, une demande de votation populaire peut être introduite. Cette demande peut être faite par un canton. Elle doit alors être formulée par l'autorité législative du canton, Landesgemeinde ou Grand Conseil, et ratifiée par la majorité des électeurs ;

si elle réunit l'assentiment de huit cantons, exprimé dans les mêmes formes, la loi est soumise au peuple. Si les adhésions des huits cantons ne sont pas réunies dans le délai, la demande est non avenue. En fait, les cantons n'ont jamais exercé le droit qui leur est attribué et qui entraîne des formalités compliquées.

La demande peut être faite par un citoyen investi du droit de vote.

Si la demande ne réunit pas la signature de 30,000 citoyens investis du droit de vote (et la commune doit attester gratuitement que les signataires sont investis du droit de vote), il n'y a pas lieu à votation populaire ; le nombre des voix recueillies est publié dans la *Feuille fédérale* et le Conseil fédéral ordonne l'entrée en vigueur de la loi ou de l'arrêté.

Si la demande a réuni le nombre voulu d'adhésions civiques, le Conseil fédéral organise la votation. Elle doit avoir lieu le même jour dans toute l'étendue de la Suisse. Ce jour, fixé par le Conseil fédéral, doit être de quatre semaines au moins postérieur à une publication suffisante donnée à la loi ou à l'arrêté. Le texte rédigé en italien pour les Tessinois, en allemand pour les Suisses germains, en français pour les Helvètes romands, en romanche pour les populations des Grisons qui parlent ce dialecte, est adressé à chaque électeur. Cette distribution ne laisse pas d'être fort coûteuse : la dépense pour la loi sur la poursuite pour dettes et la faillite s'est élevée à 47 696 francs ; avec les frais de vote, le referendum sur cette loi a coûté à la caisse fédérale 150 000 francs.

Tout Suisse âgé de vingt ans et non exclu par la législation cantonale a le droit de voter. Le vote a lieu dans chaque commune conformément à la loi fédérale, sur les votations populaires.

Voici le modèle d'un bulletin de vote donné par M. Georges Renard.

BULLETIN DE VOTE **pour la votation populaire du 3 février 1895**	
	VOTATION OUI ou NON
Voulez-vous, oui ou non, accepter la loi fédérale du 27 juin 1894 *sur la représentation de la Suisse à l'étranger?*	

Les procès-verbaux du vote sont dressés dans chaque commune et adressés dans les huit jours au Conseil fédéral qui les centralise et les vérifie.

Tout projet soumis à une votation populaire est adopté s'il a réuni la majorité des votants, rejeté dans le cas contraire.

Les résultats, quels qu'ils soient, sont publiés par le Conseil fédéral qui en fait un rapport à l'Assemblée fédérale dès sa première session.

Ou le projet a été adopté, et le Conseil fédéral ordonne alors l'exécution et l'insertion dans le *Recueil officiel.*

Ou il a été repoussé, et alors il est considéré comme non avenu et ne reçoit aucune exécution.

Voici le tableau des referendums admis ou demandés de 1874 à 1905 :

DATE DE LA LOI ou de l'arrêté	OBJET DE LA LOI ou de l'arrêté
L. 24 décembre 1874. . .	Droit de vote des citoyens suisses . . . .
L. 24 décembre 1874. . .	État civil et mariage. . . . .
L. 17 septembre 1875 . .	Chasse et protection des oiseaux . . . .
L. 18 septembre 1875 . .	Billets de banque . . . .
L. 23 décembre 1875. . .	Taxe d'exemption du service militaire. . . . . . .
L. 25 mars 1877	Travail dans les fabriques. . . . .
L. 27 mars 1877	Taxe d'exemption du service militaire. . . . . . .
L. 28 mars 1877	Droits politiques. . . . .
L. 16 juin 1877.	Traitement des fonctionnaires militaires . . . .
L. 28 juin 1878.	Taxe d'exemption du service militaire. . . . . . .
L. 22 août 1878	Subvention aux chemins de fer des Alpes. . . . . . .
L. 20 juin 1879.	Augmentation des droits d'entrée sur certaines marchandises. . . . .
L. 31 janvier 1882. . . .	Mesures contre les épidémies. . . . .
L. 14 juin 1882.	Exécution de l'art. 27 de la constitution fédérale (secrétaire scolaire). . . . .
L. 11 décembre 1883. . .	Organisation du département fédéral de justice et police.
A. 11 décembre 1883. . .	Taxe de patente des voyageurs de commerce. . . . . . .
A. 19 décembre 1883. . .	Subvention de 10 000 francs à la légation de Washington . . . .
L. 19 décembre 1883. . .	Adjonction d'un article au code pénal fédéral (faculté de renvoi devant les Assises fédérales). . . . .
L. 23 décembre 1886. . .	Spiritueux. . . . .
L. 11 avril 1889	Poursuite pour dettes et faillite. . . . .
L. 28 juin 1889.	Ministère public de la Confédération . . . .
L. 26 septembre 1890 . .	Fonctionnaires et employés fédéraux incapables de remplir leurs fonctions . . . .
L. 10 avril 1891	Tarif des douanes. . . . .
A. 25 juin 1891.	Rachat du chemin de fer central suisse. . . . .
L. 27 juin 1894.	Représentation de la Suisse à l'étranger . . . .
L. 24 mars 1896	Peines disciplinaires dans l'armée. . . . .
L. 25 mars 1896	Garantie des défauts dans le commerce des bestiaux. . .
L. 27 mars 1896	Comptabilité des chemins de fer . . . .
L. 18 juin 1896.	Banque de la Confédération. . . . .
L. 15 octobre 1897. . . .	Rachat, exploitation et administration des chemins de fer.
L. 5 octobre 1899 . . .	Assurance contre les maladies et accidents et assurance militaire. . . . .
L. 10 octobre 1902. . . .	Tarif des douanes. . . . .
L. 19 décembre 1902. . .	Adjonction d'un article au code pénal militaire (excitation de militaires à des crimes ou délits) . . . .
L. 6 octobre 1905.	Banque nationale . . . .

MBRE DEMANDES RERENDUM	RÉSULTAT DES DEMANDES	DATE DU REFERENDUM	POUR LA LOI OU L'ARRÊTÉ	CONTRE LA LOI OU L'ARRÊTÉ	RÉSULTAT DU REFERENDUM
8674	Admission.	23 mai 1875.	202 583	207 263	Infirmation.
6560	Admission.	23 mai 1875.	215 190	205 069	Confirmation.
9958	Rejet.	»	»	»	»
5886	Admission.	23 avril 1876.	120 068	193 253	Infirmation.
0549	Admission.	9 juillet 1876.	156 157	184 894	Infirmation.
4844	Admission.	21 octobre 1877	181 204	170 857	Confirmation.
5500	Admission.	21 octobre 1877	170 225	181 383	Infirmation.
0207	Admission.	21 octobre 1877	131 557	213 230	Infirmation.
5686	Rejet.	»	»	»	•
5515	Rejet.	»	»	»	»
7805	Admission.	19 janvier 1879.	287 731	115 571	Confirmation.
8757	Rejet.	»	»	»	»
0524	Admission.	30 juillet 1882.	68 027	254 340	Infirmation.
0995	Admission.	26 nov. 1882.	172 010	318 159	Infirmation.
5046	Admission.	11 mai 1884.	149 729	214 916	Infirmation.
5046	Admission.	11 mai 1884.	174 195	189 550	Infirmation.
5046	Admission.	11 mai 1884.	137 824	219 728	Infirmation.
5046	Admission.	11 mai 1884.	159 068	202 773	Infirmation.
2412	Admission.	15 mai 1887.	267 122	138 496	Confirmation.
2948	Admission.	17 nov. 1889.	244 517	217 921	Confirmation.
5928	Rejet.	»	»	»	»
4572	Admission.	15 mars 1891.	91 851	353 977	Infirmation.
1564	Admission.	18 octobre 1891	220 004	158 934	Confirmation.
1698	Admission.	6 décembre 1891	150 729	289 406	Infirmation.
7040	Admission.	3 février 1895.	124 517	177 991	Infirmation.
4025	Admission.	25 octobre 1896	77 169	310 992	Infirmation.
5694	Admission.	25 octobre 1896	174 980	209 118	Infirmation.
6415	Admission.	25 octobre 1896	223 228	176 577	Confirmation.
8340	Admission.	28 février 1897.	195 764	255 984	Infirmation.
5505	Admission.	28 février 1898.	386 654	182 718	Confirmation.
7461	Admission.	20 mai 1900.	148 035	341 914	Infirmation.
0467	Admission.	15 mars 1903.	352 004	225 125	Confirmation.
4990	Admission.	25 octobre 1903	117 694	264 085	Infirmation.
8000	Rejet.	»	»	»	»

Les Suisses, on le voit, ont fréquemment fait usage du referendum. Deux lois de l'année de la promulgation de la constitution, toutes deux du 24 décembre 1874, l'une sur le droit de vote des citoyens suisses, l'autre sur l'état civil et le mariage, furent soumises au referendum. L'une fut infirmée à la majorité de 4,680 voix, l'autre confirmée à la majorité de 8,150 voix.

« Cette première manifestation référendaire, dit M. Droz, en parlant du rejet de la loi sur le droit de vote des citoyens suisses, fit naître des appréhensions sur l'avenir législatif du pays. Elle trahissait un mécontentement qui ne devait pas tarder à grandir à cause du trouble jeté dans les habitudes des populations par tant d'innovations dont elles avaient, il est vrai, salué le principe avec enthousiasme en votant la constitution nouvelle, mais qui, comme c'est presque toujours le cas, ne répondaient pas, dans la pratique, à leur attente et avaient d'ailleurs le tort de se succéder coup sur coup, laissant à peine aux esprits le temps de se reconnaître. »

L'année suivante, la demande de referendum sur la loi du 17 septembre sur la chasse et la protection des oiseaux ne recueillait pas les signatures nécessaires pour provoquer une consultation nationale. Mais la loi du 18 septembre 1875 sur les billets de banque échouait au referendum. « Il serait assez difficile, dit M. Deploige, de dire pourquoi le peuple se prononça contre la loi du 18 septembre 1875 sur l'émission et le remboursement des billets de banque. Un conseiller national que j'interrogeais là-dessus me répondit :

« Les gens compétents étaient en désaccord, les uns
« voulaient la liberté absolue d'émission, d'autres
« étaient partisans du monopole ; quant à la masse des
« électeurs, elle n'entendait rien à la question. Elle se
« trouvait dans le cas des Éphésiens dont il est parlé
« au chapitre 29 des *Actes des Apôtres* : *Erat autem eccle-*
« *sia confusa et plures nesciebant qua ex causa conve-*
« *nissent.* »

La taxe d'exemption du service militaire faisait
l'objet d'une première loi du 23 décembre 1875 qui
était infirmée au referendum. L'Assemblée fédérale
se remettait à l'œuvre et votait la loi du 27 mars 1877
qui ne trouvait pas davantage grâce devant le peuple.
L'échec de ce deuxième essai de législation fiscale
militaire était suivi de l'échec d'une nouvelle loi du
28 mars 1877 sur les droits politiques. Enfin, le 28 juin
1878, les Chambres élaboraient une loi sur la taxe
d'exemption du service militaire et les opposants ne
pouvaient recueillir le nombre de signatures nécessaire à l'exercice du referendum. « Il me paraît probable, dit M. Naville, que ce résultat du referendum
a été dû, moins aux modifications apportées au projet primitif qu'à la lassitude de la population qui sentait qu'il fallait en finir. »

On peut y voir la justification d'une remarque
de M. Van den Heuvel : « Une loi est rejetée, les
politiciens se remettent à l'œuvre, modifient la forme
et représentent le même bloc sous des couleurs nouvelles. A la troisième tentative, le peuple est las de
résister : il laisse passer la loi. »

Entre temps, le peuple avait confirmé la loi du 23

mars 1877 sur le travail dans les fabriques et une tentative de referendum contre la loi du 16 juin 1877 sur les traitements des fonctionnaires militaires avait échoué.

La loi du 22 août 1878 sur les subventions aux chemins de fer des Alpes, bien que passionnément discutée, fut ratifiée à une immense majorité et la loi du 20 juin 1875 sur l'augmentation des droits d'entrée sur certaines denrées ne réunit pas contre elle le nombre de signatures nécessaire pour provoquer un referendum. Enfin, pour employer l'expression de Droz, « le referendum laissait passer gracieusement le code des obligations ».

Mais nous approchons d'une époque plus agitée. On avait parlé jadis de l'orage du veto, *vetosturm*. Voici venir la tempête du referendum à laquelle rien ne résiste. Loi sur les épidémies, loi sur le secrétaire scolaire, « le bailli scolaire », sont tour à tour rejetées en 1882. L'un des avantages du referendum, suivant les partisans de cette institution, est de permettre au peuple de se prononcer, non comme dans les élections sur une politique, mais sur une mesure. Or, un partisan déterminé de la consultation populaire, le Landamman Heer, convenait que parfois « ce n'était pas sur la mesure elle-même que le peuple s'était prononcé, mais sur la politique générale de ses représentants avec laquelle il n'est pas d'accord ». C'est ce qu'on put constater en 1884. Dans sa session d'hiver, en décembre 1883, l'Assemblée fédérale avait voté quatre lois ou arrêtés, deux du 11 sur l'organisation du département fédéral de justice et police et sur

la patente des voyageurs de commerce, deux du 19,
l'une accordant une subvention de 10,000 francs pour
la création d'un poste de secrétaire à la légation suisse
à Washington et l'autre, dite loi de Stabio, ayant pour
but, par l'adjonction d'une disposition au code pénal
fédéral, de permettre, en cas de suspicion légitime,
de soustraire les auteurs de troubles à la justice cantonale et de les renvoyer devant les Assises fédérales.
Le pays était mécontent : l'opposition exploita ce
mécontentement. Un seul formulaire recueillit les
demandes de referendum sur ces quatre lois. Toutes
quatre furent rejetées. La votation populaire avait tué
« le chameau à quatre bosses ».

On pouvait craindre que, ce qui est un des dangers
du referendum, une véritable crise politique ne résultât
de ce rejet global. On pouvait craindre que les partis
n'organisassent une obstruction systématique, que le
« phylloxera législatif » n'étendît ses ravages à toutes
les œuvres de l'Assemblée fédérale, que, suivant le
sarcasme d'un représentant catholique, M. de Segesser,
dont M. Dürrenmatt devait faire le programme de son
Association référendaire, il ne se formât une ligue de
40,000 ou 50,000 citoyens s'engageant à souscrire des
demandes de referendum à propos de toutes les mesures et que l'opposition ne substituât ainsi au referendum facultatif et accidentel un referendum obligatoire et perpétuel.

Heureusement il n'en fut rien : les Chambres com-
prirent la leçon et mirent une sourdine à l'ardeur cen-
tralisatrice qui avait indisposé la population. La loi
sur les épidémies, amendée par la suppression de la

vaccine obligatoire, ne provoqua en 1886 aucune réclamation. Une demande de referendum ne fut formulée que pour la loi du 23 décembre 1886 sur les spiritueux qui fut d'ailleurs confirmée par le peuple. La
loi du 11 avril 1889 sur la poursuite pour dettes et la
faillite, qui passe pour un chef-d'œuvre juridique et que
l'Assemblée avait mis quinze ans à préparer, triompha
également au scrutin, malgré les efforts de la droite,
qui voulait se venger sur elle de l'attitude du Gouvernement et des Chambres dans les affaires du Tessin
et dans un conflit scolaire et le parti socialiste ne put
parvenir à recueillir le nombre de signatures nécessaire à une demande de referendum sur la loi réta-
blissant le ministère public de la Confédération.

En revanche, l'année 1891 compte à elle seule trois
referendums : la loi du 10 avril 1891 sur le tarif des
douanes fut l'unique loi qui trouva grâce devant le
peuple ; elle fut confirmée par la votation du 18 octobre. La loi du 26 septembre 1890 sur les employés
fédéraux devenus incapables, bien que votée à l'unanimité par les Chambres, fut repoussée le 15 mars
1891 : les retraites sont impopulaires en Suisse, et le
peuple estime que c'est aux fonctionnaires à assurer
eux-mêmes leurs vieux jours ; la loi du 25 juin 1891
sur le rachat du Central fut repoussée le 6 décembre :
le peuple trouvait le prix trop élevé.

Trois ans devaient s'écouler avant que le referendum fût de nouveau exercé.

Durant cette première période, — de 1874 au 31 décembre 1893, — suivant les chiffres que donne M. Droz,
il avait été voté 164 lois ou arrêtés d'une portée géné-

rale, sujets au referendum. Le referendum n'avait été exercé que sur 19 : 6 avaient été confirmés, 13 infirmés, dont 4 furent repris.

C'est en 1895 que recommence la série des referendums. Dans l'intervalle, la fameuse campagne pour l'amendement du *Beutezug* avait échoué ; mais, si l'idée unitaire avait — et plus complètement même que n'osaient l'espérer ses partisans — triomphé dans le scrutin constitutionnel, le peuple allait indiquer par des referendums que, s'il ne voulait pas revenir au particularisme, il n'entendait pas marcher aveuglément à la centralisation. Une connexité étroite unit en effet les diverses votations populaires.

La première mesure soumise au referendum fut la loi du 27 juin 1894. Jusqu'à cette époque, les postes diplomatiques étaient créés et dotés par voie d'arrêtés de l'Assemblée fédérale sujets au referendum ; mais les postes consulaires étaient créés par le Conseil fédéral et dotés par le budget ; ils échappaient ainsi complètement au referendum. La loi du 27 juin 1894 distinguait les postes de ministres, chargés d'affaires et consuls de carrières, qui devaient être établis par arrêtés de l'Assemblée fédérale, sujets au referendum, et les autres postes consulaires qui devaient être établis par décisions du Conseil fédéral. Les traitements et indemnités devaient être tous fixés par le budget, c'est-à-dire soustraits au referendum. Le peuple infirma la loi le 3 février 1895. Déjà, treize ans auparavant, il avait refusé d'accepter le supplément de dotation de la légation suisse à Washington : le Suisse ne voit aucune utilité aux diplomates et supprimerait volontiers toute représentation à l'étranger.

L'année suivante, par deux votes du 4 octobre 1896, le peuple repoussa, d'un côté, la loi ajoutant des articles disciplinaires au code pénal militaire, et, d'un autre, la loi sur la garantie des bestiaux. « Ce double rejet, dit M. Droz, a sa signification très claire. C'est, d'une part, la consécration définitive du vote du 3 novembre 1895 repoussant la centralisation militaire ; c'est, d'autre part, une manifestation nouvelle contre la tendance à vouloir unifier le droit dans des domaines où cela n'est pas absolument nécessaire. » En revanche, il accepta la loi sur la comptabilité des chemins de fer sur laquelle avait porté, comme dit M. Droz, le « gros de la lutte ». Il l'accepta, grâce à l'appoint de trente à quarante mille électeurs catholiques entraînés par l'appui qu'un des coryphées de la droite, M. Zemp, avait apporté à la loi, en la présentant comme chef du département des Chemins de fer, et en déclarant à l'assemblée populaire d'Entlebuch, son lieu d'origine, « que le vote de la loi ne préjugeait nullement la question du rachat ». Entré d'ailleurs dans cette voie, le peuple devait, trois ans plus tard, confirmer, à plus de deux cent mille voix de majorité, la loi sur le rachat, l'exploitation et l'administration des chemins de fer.

Le peuple, dans une votation constitutionnelle, avait, à soixante-dix mille voix de majorité, attribué à la Confédération le monopole des billets de banque. Mais quand les Chambres eurent, par une loi, organisé ce monopole en instituant une banque d'État,

une majorité de soixante mille voix condamna le fédé-
ralisme fiduciaire.

Depuis, un petit nombre de mesures ont été soumises au referendum. C'est d'abord la loi du 5 octobre
1899, sur les assurances contre les accidents et l'assurance militaire. Elle était la conséquence du vote
constitutionnel de 1890, qui attribuait à la Confédération l'organisation d'un système d'assurances. Elle
ne contenait pas moins de 400 articles; elle fut infirmée par la votation du 20 mars 1900, comme avait
été infirmée la loi qui organisait le monopole des billets
de banque institué aussi par un vote constitutionnel.
La loi sur les assurances avait dans les Chambres
réuni l'unanimité moins une voix, la voix d'un député
de Genève que son opposition à la loi fit échouer
aux élections suivantes. « Curieuse situation, disait
à ce propos Emmanuel Kuhne, curieuse situation
pour les Chambres fédérales de voir la quasi-una-
nimité de ses membres désavoués par le peuple et
le seul député dont l'opinion était conforme à celle
du Corps électoral rendu à ses chères études. » Curieuse situation, en effet, et qui, comme il le constatait,
donnait raison à cette boutade de Marc Monnier: « Le
peuple suisse par ses votes désavoue ses mandataires ; après quoi... il les renomme. » La loi sur le tarif
des douanes a trouvé grâce devant la majesté populaire. Mais le 25 octobre 1903, le peuple « n'a fait
qu'une seule bouchée » de la loi complétant le Code
pénal au point de vue de l'excitation des militaires à
des crimes et des délits. « Une notable fraction de la
presse catholique, dit M. Secretan, quelques autres

journaux d'opposition systématique ou antimilitariste
et le parti socialiste tout entier ont combattu la loi
en la dénonçant comme un audacieux attentat contre la
liberté de la parole et de la presse et le droit de critique, tandis qu'en réalité la loi ne visait que la provocation à la mutinerie et au crime. » Cette loi avait pour
origine un article insolent d'un journal socialiste de
Genève, qui invitait les soldats à se servir de leurs
armes contre leurs officiers toutes les fois que ceux-
ci attenteraient à leur dignité de citoyen, article que,
faute de texte, le parquet s'était vu dans l'impossibilité
de poursuivre et qui n'avait d'ailleurs produit aucun
effet. Maladroitement présentée à propos d'une provocation sans portée et qu'on aurait dû laisser dans l'oubli
où elle tombait, elle avait par malheur coïncidé avec
la révélation de menus scandales des bureaux militaires. Aussi les électeurs passèrent-ils leur mécontentement de l'administration sur le dos de la malen-
contreuse proposition.

Enfin, la loi du 6 octobre 1905, qui organisait la
Banque nationale, avait suscité une vive opposition
de la part des socialistes. Malgré leurs efforts, ils ne
purent, avant le 6 janvier 1906, réunir que 28 000 signatures, et il n'y eut pas de votation populaire.

Tels sont les résultats de trente ans de referendum.
Huit ans après la constitution de 1874, en 1882, M. Droz
écrivait : « La Suisse a fait certainement l'essai le plus
grandiose qu'une république ait jamais fait, celui de
remettre à un corps électoral de plus de 600 000 têtes
la décision souveraine en matière législative : si l'essai
réussit, nos descendants pourront se glorifier d'avoir

franchi les premiers une grande étape de la civilisation et du progrès politique. »

Il ne doutait pas du succès de la tentative et il s'abandonnait, non sans quelque lyrisme, aux plus brillantes prévisions. « A quel degré, disait-il, de développement démocratique ne serons-nous pas arrivés dans cinquante ans, dans cent ans d'ici ! Y aura-t-il un peuple plus instruit des affaires publiques, plus perspicace au sujet de ses vrais intérêts, plus soucieux d'ordre et de travail, de plus en plus pénétré de la solidarité humaine ? »

Vingt-cinq, sinon cinquante ans se sont écoulés depuis que Droz écrivait ces lignes enthousiastes et les résultats du referendum donnent lieu aux appréciations les plus contradictoires.

D'après M. Signorel, ils sont médiocres : « Avec la législation directe, dit-il, le peuple n'aura réalisé aucun progrès réellement sérieux ; le referendum facultatif a quelquefois empêché de construire. Avec le système de la représentation, il aurait pu obtenir tout autant avec cette différence que dans aucun cas les électeurs n'auraient été réunis dans leurs comices. » M. Spuller a aussi affirmé « que les Suisses n'avaient pas tant à se louer du referendum ».

Hilty au contraire, tout en convenant que « l'histoire du referendum facultatif montre que ce ne sont pas toujours les lois les plus mauvaises qui sont attaquées » estime que les résultats de l'institution ne sont pas de nature à la discréditer. « Il serait, conclut-il, injuste de demander au peuple une infaillibilité qui ne fut jamais le privilège d'aucun parlement. Et si l'on voulait enregistrer toutes les mauvaises décisions prises par nos grands Conseils au temps de leur omnipotence, il serait assez difficile d'adopter l'opinion d'un prudent Vaudois d'autrefois sur la justice bernoise : « Ces Messieurs jugent tantôt d'une manière, tantôt d'une autre, mais'toujours bien. »

Il y a une sorte d'endosmose politique, et il est rare qu'une institution d'un peuple n'arrive pas à pénétrer chez les autres. Le referendum a été, sinon adopté et régulièrement pratiqué, du moins réclamé et proposé hors de Suisse.

Nous n'en finirions pas, et d'ailleurs nous sortirions absolument de notre sujet si nous prétendions étudier ou même simplement signaler les referendums en matière locale, mais il n'est pas sans intérêt de rappeler brièvement les tentatives faites pour introduire le referendum législatif chez différents peuples.

En 1892, lors de la revision de la constitution belge, on a proposé le referendum royal comme un rajeunissement du veto royal dont M. Droz trois ans plus tard dans un article de la *Bibliothèque universelle et Revue suisse* de janvier 1895, devait signaler l'affinité avec le referendum. « Peut-être, écrivait-il à propos du referendum, peut-être a-t-il plus d'analogie avec le veto du souverain anglais lorsque celui-ci était en usage qu'avec toute autre institution. » La proposition Paul Janson était ainsi conçue : « Le roi a droit d'en référer à la consultation du Corps électoral sur toute loi adoptée par les Chambres ou en cas de conflit par une d'elles. Le referendum est obligatoire s'il est réclamé par 100 000 électeurs ou cinq Conseils provinciaux ou

par des conseils communaux représentant un total
d'un million d'habitants. » Il y avait d'autres projets :
on avait préconisé notamment sous le nom de referendum d'initiative, un referendum préalable sur le
principe d'une loi à faire. Mais le referendum, sous
ses diverses formes, *ante*, *post*, facultatif, obligatoire,
n'avait groupé dans les deux Chambres qu'un nombre
restreint d'adhérents. Aussi, en présence de l'hostilité
des deux partis conservateur et libéral et malgré le
penchant qu'avait témoigné le roi pour cette institution, le premier ministre M. Beernaert, après des
vicissitudes que raconte en détail M. Signorel finit
par l'abandonner.

En Angleterre, la terre classique du parlementa-
risme, le referendum n'existe pas. Lord Knustford,
secrétaire d'État aux colonies, le 12 janvier 1892, n'hésita à conseiller à la Chambre des Lords, si le *home
rule* étant adopté par les Communes, de consulter le
peuple avant de se prononcer. Deux ans plus tard, en
octobre 1894, Lord Salisbury à Edimbourg proclamait
un referendum limité « une procédure honnête » et une
pratique avantageuse pour le bon gouvernement et la
stabilité d'un pays. En 1896 et 1897, dans la Nouvelle
Galles du Sud, l'Australie du Sud et le Victoria le referendum législatif a été adopté par la Chambre basse
et repoussé par la Chambre haute.

En Allemagne, le parti socialiste allemand, inscri-
vait dans son programme dès 1875 au Congrès de
Gotha, avec le suffrage universel, « la législation
directe y compris la décision de la paix et de la
guerre » et cette revendication figure encore dans

le programme publié par la *Gazette du peuple*, en octobre 1890.

Aux États-Unis le referendum est inconnu en matière fédérale. Dans les États, il fut pour la première fois admis en 1845 par la constitution du Texas, ainsi que l'indique M. Oberhollzer dans son ouvrage *The referendum in America*. Cette constitution décidait que le peuple serait consulté le premier lundi de mars 1850 sur l'emplacement de la capitale. Chaque électeur était libre de désigner l'endroit qui lui convenait. La constitution prévoyait qu'il pourrait arriver qu'aucun endroit ne réunît la majorité absolue et elle organisait un scrutin de ballottage pour le premier lundi d'octobre. Les constitutions de la Californie, du Colorado, de la Georgie, du Mississipi, du Montana, du Nebraska, de l'Oregon, de la Pennsylvanie, du Washington, du Wyoming, exigent un referendum pour tout changement de capitale. Au Texas, la constitution de 1876 soumettait à un referendum le siège de l'Université. —le vote eut lieu en 1881,— et le siège du collège des enfants de couleur. Au Wyoming, la constitution de 1876 soumet aussi au referendum tout changement de siège de trois institutions de l'État : l'Université, la prison, l'asile des fous. Souvent les constitutions soumettent à un referendum les changements de circonscription et les dédoublements d'États, l'exécution de certains travaux publics, la création de banques d'État; la vente de terres domaniales, les emprunts au delà d'une certaine somme, les impôts au delà d'un certain taux.

Mais là où la constitution est muette, le referendum

est-il licite? En fait, il fut pratiqué avant d'être inscrit dans les constitutions. En 1816, lorsqu'il s'agit de détacher du Massachussets le district du Maine et de l'ériger en État, on prit l'avis des populations dans des assemblées de ville et de campagne. En 1850, la législature de la Californie à sa première session n'hésita pas à soumettre à un referendum la question du transfert de la capitale à Valléjo. Enfin, M. Debacq signale qu'avant la guerre de la sécession, les projets d'abolition de l'esclavage faisaient, dans les États où ils étaient présentés, l'objet d'un referendum. Cette consultation était-elle régulière? En 1847, la Cour supérieure du Delaware, dont plusieurs autres Cours adoptèrent la jurisprudence la déclara inconstitutionnelle comme « détruisant toutes les barrières élevées par la constitution pour défendre la liberté » et aboutissant à « une pure démocratie, ce qui est le pire de tous les maux ». Depuis, beaucoup de Cours d'États admettent la validité du referendum, du moins quand il s'agit de lois dites d'option locale, c'est-à-dire d'intérêt municipal, subordonnées à un scrutin communal, en se fondant sur ce que le vote populaire n'est qu'une condition apposée à la mise en vigueur de la loi, et sur ce que la législature est libre de voter des lois qui n'entreront en vigueur que sous des conditions déterminées. « Le referendum se propage aux États-Unis, dit M. Debacq, avec une rapidité étonnante. »

En France, le referendum fut proposé en 1886 par M. Cunéo d'Ornano. Il constituait une des bases du projet de revision, déposé en juin 1888 par le général Boulanger. « Dans une démocratie, disait l'ancien ministre de la guerre, les institutions doivent se rapprocher autant que possible du gouvernement direct. Il est juste et bon qu'on interroge le peuple par voie directe chaque fois que s'élèveront de graves conflits d'opinion qu'il peut seul résoudre. C'est pourquoi je pense qu'il est indispensable d'introduire dans notre constitution le *jus ad referendum*. »

Depuis vingt ans il a été plusieurs fois question de recourir au referendum, mais aucune expérience de cette institution, n'a été tenté et aucun projet précis d'organisation n'a même été formulé.

CHAPITRE V

LES RÉFORMES CONSTITUTIONNELLES

Le referendum et la sanction des constitutions sont des votations populaires : ce sont comme dit M. Charles Borgeaud, « deux formes de l'intervention souveraine du peuple ». « Le mot de plébiscite, ajoute le même publiciste, a porté la peine de l'abus qui a été fait de la chose en France sous l'Empire. Il sonne mal aux oreilles des républicains qui ont été témoins du coup d'État de 1851. En Suisse, on devait être porté à le remplacer dans le langage courant par le nom de l'institution née sur le sol national. La coutume s'est glissée jusque dans les actes officiels. On y trouve, comme dans les journaux, l'expression de referendum appliquée à l'exercice du pouvoir constituant. Il est même arrivé que le Conseil fédéral a soumis aux suffrages populaires, par un arrêté unique, un amendement constitutionnel et une loi fédérale sur laquelle le referendum avait été demandé. Ceci est un précédent regrettable parce qu'il a pu induire les électeurs en erreur en leur laissant supposer que par leur double vote ils n'exerçaient qu'un seul et même droit. »

Autre chose en effet est le referendum, autre chose est la sanction de la constitution.

Le referendum, dit M. Charles Borgeaud, « n'est point, sous la forme facultative qu'il a reçue dans le droit public de la Confédération, le facteur nécessaire de la législation organique. La loi est faite par l'accord des Conseils. Une demande de referendum peut se produire dans un certain délai et en suspendre l'exécution jusqu'à ce que le peuple se soit prononcé sur l'œuvre de ses représentants. Le Corps électoral peut, en approuvant ou en désapprouvant cette œuvre, lui donner la consécration de son vote ou la réduire à néant. »

La sanction au contraire est une partie essentielle de la constitution : c'est la sanction, qui seule vivifie la constitution : car à la différence du pouvoir législatif, délégué en principe aux représentants, le pouvoir constituant a été retenu par le peuple.

Ainsi le peuple dans le referendum « fait acte de législateur suprême » et dans la sanction c'est « de lui qu'émane l'acte impératif qui donne l'être à la constitution ».

Pour les lois ordinaires, le législateur, c'est l'Assemblée fédérale : pour la constitution, le constituant, c'est le peuple et toute l'œuvre des Chambres en matière constitutionnelle, « les projets qu'elles ont laborieusement préparées ne sont, comme le dit M. Charles Borgeaud, que l'exercice de l'initiative devant le pouvoir constituant. »

A ces différences de principe s'ajoute une différence d'organisation : dans le referendum, on ne fait état

que du vote des citoyens ; dans la sanction, on tient
compte et du vote des citoyens et du vote des cantons,
et la disposition nouvelle n'est adoptée que si elle
réunit la majorité des électeurs et la majorité des
États.

La procédure de la revision en Suisse est délicate
à saisir et malaisée à expliquer. Elle n'a fait, depuis
la constitution de 1848 qui en posa les règles fondamentales, que se charger de modes nouveaux et de
règles particulières.

D'après la constitution de 1848, la demande de revi- ^{Revision d'après}
sion pouvait prendre naissance soit dans les Chambres
soit dans le peuple.

Le Conseil fédéral, un député, un canton, pouvait
proposer à l'Assemblée fédérale une revision, soit
totale, soit partielle. La Chambre saisie la première
discutait non seulement l'opportunité de la revision,
mais le texte de la réforme générale ou spéciale. Rejetait-elle le projet, tout était fini.

L'adoptait-elle, l'autre Chambre l'examinait à son
tour. Elle pouvait adopter, amender ou rejeter.

Adoptait-elle : le projet était soumis à la sanction
populaire, et, s'il ralliait la majorité des citoyens et des
cantons, devenait partie intégrante de la constitution.

Amendait-elle : le projet revenait à la Chambre « première saisie » pour employer la terminologie suisse :
ou celle-ci adoptait les amendements ou bien encore
l'on tombait d'accord sur un texte commun et le texte
voté par les deux Chambres était soumis au peuple ;
ou l'accord ne pouvait se faire et la réforme était non
avenue.

Rejetait-elle : il y avait désaccord entre les deux Chambres sur la question de revision. C'est ce qui se produisait aussi si la proposition rejetée par la Chambre la première saisie avait été reprise dans l'autre, adoptée par elle et rejetée par la section de l'Assemblée fédérale qui l'avait déjà examinée et repoussée.

Dans ces deux cas le peuple était consulté sur la question de savoir : y a-t-il lieu à revision ?

Une demande de revision pouvait être aussi présentée par un simple citoyen ; si elle réunissait cinquante mille signatures elle devait être soumise au peuple.

C"est ce qu'on appelait l'initiative plébiscitaire, système emprunté aux constitutions des cantons d'Argovie, de Schaffouse et du demi-canton de Bâle campagne.

Si le peuple se prononçait contre la revision, tout restait en l'état.

S'il se prononçait pour la revision, les Chambres étaient renouvelées et les Conseils rajeunis élaboraient un projet de revision : ce projet était soumis au peuple et aux cantons ; si la majorité du peuple et des cantons l'approuvait, il devenait partie intégrante de la constitution ; si elle le repoussait, la réforme échouait.

On le voit, c'étaient les Chambres ou le peuple pour le principe de la revision, le peuple et les cantons pour la sanction des dispositions nouvelles adoptées par les Chambres qui décidaient souverainement. Aucun amendement constitutionnel ne pouvait être introduit sans la double approbation des citoyens et des États.

La constitution de 1848 elle-même votée par la Diète avait été sanctionnée par les cantons et les électeurs. Elle fut adoptée par quinze états et demi contre six et demi et 169.743 suffrages contre 17.899. De 1830 à 1848, les nouvelles constitutions des cantons avaient reconnu, dit Borgeaud, « le droit de la nation de voter elle-même en dernier ressort sur toute matière constitutionnelle » et le canton de Fribourg qui seul faisait exception finit en 1857 par adopter la sanction populaire.

Parmi les différents modes de revision admise par la constitution de 1848, le mode normal était l'élaboration dans les Chambres d'un projet né dans leur sein et qui, après avoir été adopté par elles, était soumis au peuple.

C'est suivant ce mode qu'eut lieu en 1866 une première ébauche de revision. Les Chambres fédérales adoptèrent neuf amendements constitutionnels. Ces amendements avaient pour principal objet d'établir une certaine uniformité dans les lois, car, comme dit Droz, « si la bigarrure des institutions présentait de précieux avantages pour le libre développement des particularités diverses de notre peuple qui sont un des éléments de sa vigueur, une partie de sa raison d'être, cette bigarrure était un obstacle aux transactions commerciales. »

Cette revision partielle avorta presque complètement : des neuf amendements présentés au peuple le 14 janvier 1866, deux seulement, celui qui modifiait les articles 41 et 48 de façon à interdire aux cantons d'imposer des restrictions au droit d'établissement, des non chrétiens des autres cantons, ou de leur faire subir une infériorité de traitement, et celui qui établissait l'unité de poids et mesures, réunirent la double majorité des citoyens et des cantons. Le premier rallia 170.052 suffrages contre 156.596, le second 159.202 suffrages contre 156.596. En accordant ainsi la liberté d'établissement aux non chrétiens, on ne faisait qu'étendre dans chaque canton aux juifs d'un autre canton les droits que le traité avec la France avait accordé dans toute la Suisse aux juifs français.

C'est encore le mode normal de revision qui fut suivi cinq ans après. Les élections de 1869 s'étaient faites sur un programme de réforme. Comme l'arrêt du Conseil du Roi du 5 juillet 1788 avait à la veille de la Révolution provoqué les avis des « savants et personnes instruites de son royaume » sur la manière de constituer les États généraux, la *Feuille fédérale* aux mois d'août et de septembre 1870 publia des appels invitant les citoyens, les communes, les corporations à adresser à la Chancellerie leurs vœux de réforme. La revision fut élaborée en 1871 et 1872. Le projet adopté le 5 mars 1872 fut soumis à la votation populaire le 29 mai. Il ne réunit que 255,606 voix et neuf cantons. 260,859 voix et treize cantons le rejetèrent. Il avait eu contre lui, outre les conservateurs hostiles à tout changement, les catholiques hostiles à la sécularisation du mariage et à la mainmise de la Confédération sur l'école, les fédéralistes hostiles à l'unification du droit civil. Les habitants du canton de Vaud, longtemps sujets du canton de Berne, virent dans le projet une entreprise sur leur autonomie. « Ils firent, dit M. Jozon, de leur vote négatif une véritable manifestation populaire. Ils marchèrent au scrutin comme un seul homme, en procession, revêtus de leurs insignes nationaux, bannières déployées, leurs magistrats élus en tête. Ils donnèrent 3,518 votes affirmatifs et 51,465 votes négatifs. » « L'opposition qui se manifesta en beaucoup d'endroits, dit M. Borgeaud, était si violente qu'on a pu dire avec quelque raison que le plébiscite fit faire à la Suisse l'économie d'une révolution. »

Les Chambres fédérales préparèrent un nouveau projet et grâce à quelques concessions aux tendances fédéralistes, et aussi aux passions sectaires excitées par le Kulturkampf, rallièrent les fédéralistes des cantons protestants. Le nouveau projet fut voté le 31 mars 1874 et soumis le 29 mai à la votation populaire.

« On distribua aux électeurs, dit M. Jozon, des exemplaires en partie double du texte de la constitution de 1848 et de celui de la nouvelle constitution, ces deux textes étant mis en regard. » Comme en 1848, le texte du projet fut publié, non seulement dans les trois langues de la Confédération, mais aussi en romanche et en ladin.

Le projet fut adopté par 340,199 voix contre 198,013 et par quatorze cantons et demi contre sept et demi.

Voici le tableau des votations constitutionnelles depuis 1874.

DATE DES VOTATIONS	CARACTÈRE DU PROJET SOUMIS AU PEUPLE	OBJET
17 avril 1874.	Proposition.	Revision totale.
18 mai 1879 .	Proposition.	Rétablissement facultatif de la peine de mort (art. 65).
31 oct. 1880 .	Initiative.	Revision totale.
30 juil. 1882 .	Proposition.	Droit pour la Confédération de légiférer sur la protection des modèles de fabrique et brevets d'invention (art. 64).
25 oct. 1885 .	Proposition.	Droit pour les cantons de légiférer sur les auberges (art. 32) et pour la Confédération de réglementer la fabrication et la vente des boissons distillées (art. 31 et 32 *bis*).
10 juil. 1887.	Proposition.	Droit pour la Confédération de légiférer sur la protection des dessins et modèles de fabrique et les brevets d'invention (art. 64).
26 oct. 1890 .	Proposition.	Assurance fédérale contre les accidents et la maladie (art. 34 *bis*).
5 juil. 1891 .	Proposition.	Procédure des réformes constitutionnelles (art. 118-123).
18 oct. 1891 .	Proposition.	Attribution à la Confédération du monopole des billets de banque (art. 39).
20 août 1893.	Initiative.	Interdiction de saigner les animaux sans les étourdir (art. 25 *bis*).
4 mars 1894.	Initiative.	Droit pour la Confédération de légiférer sur les métiers (art. 34 *ter*).
3 juil. 1894 .	Initiative.	Droit au travail (article nouveau).
4 nov. 1894 .	Initiative.	Attribution d'une part du produit des douanes aux cantons (art. 30 *bis*).
29 sept. 1895.	Proposition.	Attribution à la Confédération du monopole des allumettes. (art. 31).
3 nov. 1895 .	Proposition.	Organisation de l'armée (art. 17-22).
11 juil. 1897 .	Proposition.	Attribution à la Confédération de la surveillance des endiguements et des forêts (art. 24).
11 juil. 1897 .	Proposition.	Attribution à la Confédération de la police sanitaire des denrées alimentaires et ustensiles de ménage (art. 69).
13 nov. 1898	Proposition.	Unification du droit civil (art. 64).
13 nov. 1898.	Proposition.	Unification du droit pénal (art. 64).
4 nov. 1900 .	Initiative.	Représentation proportionnelle dans le Conseil national (art. 72).
4 nov. 1900 .	Initiative.	Élection du Conseil fédéral par le peuple (art. 96).
25 nov. 1898.	Proposition.	Subvention à l'école primaire publique (art. 27 *bis*).
25 oct. 1903.	Initiative.	Proportionnalité du nombre des députés au Conseil national et du nombre des habitants suisses (art. 72).
25 oct. 1903 .	Proposition.	Réglementation de la vente des spiritueux (art. 32 *bis*).
19 mars 1905.	Proposition.	Droit pour la Confédération de légiférer sur la protection des brevets chimiques (art. 64).

,TATS	CITOYENS		ÉTATS	
	POUR	CONTRE	POUR	CONTRE
tion.	540 199	198 015	14 1/2	7 1/2
tion.	200 485	181 588	15 4/2	6 2/2
lieu.	121 099	260 126	»	»
et.	141 616	156 658	7 1/2	14 1/2
tion.	270 250	157 465	15 4/2	6 2/2
tion.	203 506	57 862	18 5/2	1 1/2
tion.	285 228	92 200	18 5,2	1 1/2
tion.	185 029	120 599	16 4/2	5 2/2
tion.	231 578	158 615	12 4/2	7 2/2
tion.	191 527	127 191	11 1/2	10 1/2
jet.	135 713	158 492	7 1/2	14 1/2
jet.	75 880	508 289	0	22
jet.	145 462	350 639	8 1,2	15 1/2
jet.	140 174	184 109	7 1 2	14 1 2
jet.	195 178	269 851	4 1,2	17 1/2
ption.	155 102	89 581	14 4/2	5 2/2
ption.	165 250	86 955	16 5/2	5 1/2
ption.	264 964	101 762	15 5/2	4 5/2
ption.	266 780	101 789	15 5/2	4 3/2
jet.	165 608	244 666	10 1/2	11 1/2
ejet.	145 926	270 522	14	8
ption.	258 507	80 429	19 5 2	1/2
ejet.	95 151	205 085	4	18
ejet.	156 777	228 004	4	18
ption.	199 187	85 955	19 5/2	1/2

Réformes consti-
tutionnelles de
1884 à 1891.

Au point de vue de la revision, la constitution de
1874 n'avait fait que confirmer la constitution de
1848 en se bornant à élucider deux points : elle décidait, d'une part que le vote d'un demi-canton serait
compté pour une demi-voix, de l'autre que « le résultat
de la votation populaire dans chaque canton » serait
« considéré comme le vote de l'État. »

Cinq années plus tard, une revision partielle avait
lieu. A la suite d'attentats odieux commis dans
la Suisse orientale, des protestations s'étaient
élevées contre la suppression de la peine capitale
inscrite dans la constitution. L'article 65 de la constitution de 1874 portait en effet : « La peine de mort
est abolie. » De nombreuses pétitions réunissant
52,000 signatures furent adressées à l'Assemblée fédérale. Un membre du Conseil national, M. Freuler,
déposa en 1878 une proposition de revision demandant
le rétablissement du texte de la constitution de 1848 :
« Il ne pourra être prononcé de peine de mort pour
cause de délit politique. » Cette proposition fut renvoyée pour examen au Conseil fédéral qui fit un rapport concluant au rejet. Le Conseil national décida
que le Conseil des États devrait l'examiner le premier.
Le 20 mars le Conseil des États l'adoptait par 27 voix
contre 26. Le 27 mars le Conseil national la rejetait
par 65 voix contre 62.

« La question, dit M. Le Fort, n'avait pas tardé à
prendre des proportions autres que celles qu'elle
avait eues tout d'abord. Derrière la question du rétablissement de la peine de mort avait apparu celle de
la revision de la constitution. La proposition Freuler

avait rallié, outre les partisans théoriques de la peine
de mort, tous les députés cantonalistes, tous ceux qui
voyaient dans l'article 65 un empiètement des droits
de la Confédération, en désiraient la suppression, et
ceux aussi qui espéraient pouvoir amener, à propos de
la revision de cet article, des modifications plus importantes de la constitution de 1874 ». C'était ce qui faisait la gravité de la situation. « Le rejet de la proposition Freuler ne pouvait point mettre un terme à
la question. En effet, d'après la teneur de l'article 120,
lorsque 50,000 citoyens demandent la revision de la
constitution, le peuple est appelé à prononcer sur l'opportunité de cette revision. S'il la demande, il doit
être procédé à une nouvelle élection des deux Chambres fédérales. Il était donc à prévoir que, si les 52,000
électeurs qui demandaient la suppression de l'article
65 n'obtenaient pas satisfaction, ils en trouveraient
facilement 18,000 autres pour demander avec eux la
revision de la constitution. Cette revision eût fort
bien pu être demandée par le peuple ; le pays eût été
lancé dans les agitations d'une période électorale, et
une œuvre législative qui ne compte pas encore cinq
années d'existence eut été remise sur le chantier. »

« Il est probable, ajoute M. Le Fort, que si l'Assemblée fédérale avait eu à se prononcer sur le maintien
définitif ou la suppression de l'article 65, cet article
n'eût pas été supprimé. » Mais on sentait que « ni le
refus du Conseil national de s'associer aux résolutions
du Conseil des États, ni le rejet par tous les deux de la
motion Freuler, ne pouvaient arrêter le mouvement
populaire. Il fallait donc éviter l'agitation d'une pé-

riode électorale et avant tout une revision totale de la constitution fédérale ».

Aussi les Pouvoirs publics s'employèrent-ils activement à conjurer cette éventualité. Dès le lendemain du rejet de la motion Freuler au Conseil national, le Conseil des États reprenait la discussion. Séance tenante, il adoptait par 27 voix contre 13 un nouveau texte qui, en prohibant la bastonnade, faisait tomber une des principales objections opposées à la revision. On craignait, en effet, que l'abrogation de l'article 65 ne permît le rétablissement des châtiments corporels. Le nouveau texte était ainsi conçu : « Il ne pourra être prononcé de condamnation à mort pour cause de délit politique. Les peines corporelles sont interdites. » Le même jour, — on se hâtait, tant on craignait que le pétitionnement atteignant le chiffre obligé ne mît en question non seulement l'article, mais la constitution toute entière — le Conseil national acceptait cette rédaction par 76 voix contre 49.

La revision se trouvait donc limitée et opérée normalement par les Chambres elles-mêmes. La rédaction adoptée fut présentée au peuple. Le vote eut lieu le 18 mai 1879. Le nouveau texte fut sanctionné par 200,485 voix, treize cantons et quatre demi-cantons contre 181,588 voix, six cantons et deux demi-cantons.

Le pétitionnement en faveur du rétablissement de la peine de mort avait amené un mouvement des esprits. On s'était demandé si les cinquante mille signataires que visait la constitution pouvaient non seulement réclamer une refonte générale de la constitution, mais provoquer, suivant l'expression d'Hilty, « une revision partielle ou pour mieux dire déterminée, restreinte à un seul article de la constitution. » Le vote de la modification constitutionnelle par les Chambres fédérales avait empêché la question de sortir du domaine théorique. Elle devait l'année suivante se présenter sous une forme plus impérieuse. M. Joos, conseiller fédéral, avait proposé de substituer à l'article 39 ainsi conçu : « La Confédération a le droit de décréter par voie législative des prescriptions générales sur l'émission et le remboursement des billets de banque. Elle ne peut cependant créer aucun monopole pour l'émission des billets de banque, ni décréter l'acceptation obligatoire de ces billets » la disposition suivante : « La Confédération a seule le droit d'émettre des billets ou des bons du Trésor. Toutefois elle ne pourra pas en décréter le cours forcé. » Cette motion fut écartée par les Chambres fédérales, mais un pétitionnement fut organisé et 52,588 signatures furent recueillies. « La demande ainsi présentée, dit M. Gosset, suscitait diverses difficultés, car il ne s'agissait pas dans les termes où on la formulait d'une simple demande de revision de la constitution ; on demandait en outre que la revision se bornât à un point spécial, on indiquait le texte du nouvel article qui devait remplacer l'ancien. »

Était-il possible à une pétition de 50,000 citoyens de provoquer une revision limitée et de proposer un texte déterminé ? Le Conseil fédéral ne le pensa pas. D'après lui, l'initiative d'une revision appartenait bien au peuple, mais non la proposition d'une revision ; il ne pouvait que dire s'il y avait oui ou non lieu à réforme, et par conséquent toute initiative de revision partielle était impossible : d'un autre côté la consultation ne pouvait porter sur un texte déterminé, car ce texte eût valu des instructions et la constitution veut que les députés votent sans instructions.

Ces raisons, comme le fait remarquer M. Borgeaud, étaient loin d'être décisives. D'une part, au cours de la discussion de la constitution de 1848, la députation de Bâle ville avait proposé d'ajouter au texte portant que la constitution pourrait toujours être revisée suivant les modes indiqués, les mots « en tout ou en partie ». La proposition fut écartée comme inutile, mais on inséra au procès-verbal de la séance que la majorité était d'avis qu'une revision particlle pouvait avoir lieu dans les mêmes conditions qu'une revision totale. Ainsi la revision partielle était possible. Rien n'empêchait qu'un texte fût joint à la demande pour en préciser le sens et la portée : ce texte ne constituait pas plus des instructions prohibées que n'en constitue pour un député le vote de ses électeurs dans un referendum.

Néanmoins les Chambres fédérales se rangèrent à l'avis du Conseil fédéral. Elles estimèrent que, soit la limitation de la revision, soit la rédaction du nouveau texte étaient contraires à la constitution. Elles décidèrent par l'arrêté fédéral du 17 septembre 1880 que le peuple serait uniquement consulté sur la question : « La constitution fédérale actuelle doit-elle être revisée? »

Le vote eut lieu le 31 octobre 1880, 121,099 voix se prononcèrent pour la revision : 260,126 voix contre. La revision était repoussée.

Les votations constitutionnelles des dix années suivantes présentent une importance secondaire. Si le
peuple refusa, le 20 juillet 1882, d'attribuer à la Confédération le droit de légiférer sur la protection des
modèles de fabrique et des brevets d'invention, c'est
que cette réforme lui fut proposée en même temps
que la loi sur les épidémies, et, par horreur de la vaccine obligatoire, il repoussa la protection fédérale
des brevets. Le peuple d'ailleurs admit cinq ans plus
tard, le 10 juillet 1887, la réforme qu'il avait rejetée
dans un moment d'humeur. Entre temps il avait modifié, le 25 octobre 1885, la constitution, de façon à
permettre aux cantons de légiférer sur les auberges, et
à la Confédération de réglementer la fabrication et la
vente des spiritueux et même de se réserver le monopole de la distillation. Enfin, le 26 octobre 1890, le
peuple chargeait la Confédération d'organiser l'assurance contre les maladies et les accidents.

Cependant, à la suite de l'échec de la proposition
de revision partielle de 1880, les radicaux d'un côté, la
droite catholique de l'autre, avaient inscrit dans leurs
programmes l'initiative populaire en matière constitutionnelle. Cette coalition des partis extrêmes triompha
de la résistance du centre libéral et les Chambres
remanièrent tout le chapitre III de l'acte de 1874
relatif à la revision de la constitution. Les nouveaux
articles furent adoptés le 5 juillet 1891 par 185,029 voix,
seize cantons et quatre demi-cantons, contre 120,599
voix, trois cantons et deux demi-cantons.

Dès lors les procédés de revision sont multiples.
On peut distinguer deux grands modes de réformes

constitutionnelles : les réformes par les Assemblées et les réformes par le peuple. Il est bien clair qu'en général une réforme ne peut avoir lieu sans le concours des Assemblées et que jamais aucune ne peut avoir lieu sans la participation du peuple ; mais la raison de la distinction est tirée de l'origine de la réforme qui prend naissance, ici dans les Chambres, là dans le peuple.

Pour les réformes opérées par les Assemblées, la revision de 1891 n'a fait que reproduire les dispositions de la constitution de 1874 renouvelées elles-mêmes à peu d'additions près de la constitution de 1848.

Le projet prend naissance dans une des deux Chambres. L'initiative peut venir soit du Conseil fédéral, soit d'un membre, soit enfin d'un canton agissant par l'intermédiaire du Conseil fédéral. Voté par une des deux Chambres, qui n'est pas nécessairement celle où il a pris naissance — car ce sont les Chambres qui procèdent à la répartition des propositions, et la proposition sur le rétablissement facultatif de la peine de mort présentée par un membre du Conseil national fut d'abord discutée au Conseil des États — il est soumis à l'autre.

La proposition est-elle votée par le Conseil second saisi, la réforme est présentée au peuple.

Dans ce cas, la question : « Y a-t-il lieu à revision ? », ne se pose pas d'une manière distincte, et le vote sur la proposition, quand il est négatif, n'est pas sans présenter une certaine ambiguïté : car il peut signifier qu'il n'y a pas lieu de reviser, ou qu'il n'y a pas lieu d'accepter la proposition de réforme telle qu'elle est présentée.

Ce mode de revision s'applique aussi bien à la revision totale qu'à la revision partielle. Il a d'ailleurs servi aussi bien à la réforme générale de 1874 qu'à la modification de l'article 65 qui supprimait la peine de mort.

La proposition peut être votée par un Conseil et rejetée par l'autre : en ce cas la question est portée devant le peuple.

Quel est le caractère de cette intervention du Corps électoral ? La plupart des auteurs l'envisagent comme une sorte de jugement du peuple en appel, plébiscite destiné à mettre fin à un conflit entre les Conseils.

M. Deploige considère cette disposition comme une marque de défiance à l'égard du Conseil des États, suspect, comme les cantons qu'il représente et qui ne sont pas consultés — le vote des cantons n'entre pas en compte dans les consultations sur l'opportunité d'une revision — « d'opposition systématique » aux propositions de réforme du Conseil national.

Mais la constitution, en mettant sur la même ligne, dans l'article 120, le vote par une seule des deux Chambres et l'initiative de 50,000 citoyens, semble plutôt, comme le pense M. Borgeaud, faire du vote d'un des Conseils une sorte d'initiative parlementaire aboutissant à provoquer une votation populaire sur l'opportunité d'une revision. « Une décision suprême, dit à ce propos M. Borgeaud, destinée à trancher un différend entre les sections de l'Assemblée fédérale ne serait conforme à l'esprit de la constitution de 1848 que si elle était demandée, non pas seulement au peuple suisse, mais aux cantons. » Il ne faut pas en effet oublier qu'en dépit de l'unification progressive qu'elle subit et de la centralisation croissante qui en condense les éléments pour les cristalliser autour du Pouvoir fédéral, la Confédération helvétique n'est, suivant le mot de Montesquieu, qu'une société de sociétés.

Cette intervention du Corps électoral, suivant la remarque d'Hilty, ne se produit que s'il y a désaccord sur le principe même de la revision. Si les deux Chambres, d'accord sur le principe de la revision, ne pouvaient parvenir à s'entendre sur les réformes à opérer ou sur le texte à substituer à la disposition en vigueur, un Conseil par exemple s'obstinant à une rédaction et l'autre s'entêtant à une formule différente, la réforme serait non avenue ; il n'y aurait ni dissolution des Assemblées, ni consultation populaire. C'est un résultat, il faut l'avouer, quelque peu bizarre ; car enfin si on consulte le peuple dès qu'une des deux Chambres est favorable à la revision, il semblerait bien plus naturel encore de le consulter sur une revision que les deux Chambres sont d'accord pour reconnaître nécessaire et qu'elles sont impuissantes à réaliser. Il y a là, semble-t-il, une inélégance constitutionnelle ; mais elle est sans portée pratique : une réforme, dont le principe a réuni la majorité dans les deux Conseils, réunira facilement les 50,000 signatures nécessaires pour provoquer la consultation nationale, et le peuple se trouvera amené à se prononcer.

Quoiqu'il en soit, si le peuple décide qu'il y a lieu à revision, les deux Chambres sont dissoutes de plein droit et ce sont deux Conseils nouveaux qui préparent un projet de revision.

Le projet, préparé par les Chambres, est alors présenté au peuple.

Le projet, présenté au peuple, qu'il le soit à la suite de l'accord des deux Chambres ou d'un désaccord tranché par le peuple en faveur de l'opportunité de la revision, ne devient partie intégrante de la constitution que s'il réunit la majorité des citoyens et la majorité des cantons. C'est le vote de la majorité des citoyens qui détermine le vote du canton et, pour les cantons scindés, chaque demi-canton forme une unité fractionnaire.

La réforme peut partir, non de l'Assemblée fédérale, mais du peuple, et procéder, non des Conseils, mais des citoyens.

Réformes
par le peuple.

La constitution de 1874 admettait déjà que si 50 000 citoyens, investis du droit de vote, demandaient la revision, la question : « Y a-t-il lieu à revision? » devait être soumise à une votation populaire. Si la majorité se prononçait pour la revision, il y avait renouvellement des deux Conseils, et les Assemblées rajeunies travaillaient à la revision; en un mot, tout se passait comme au cas de désaccord des deux Conseils.

Mais le refus d'admettre l'emploi de cette procédure pour la réalisation d'une réforme partielle amena à élargir le champ d'action de l'initiative populaire. Tel fut l'objet de la réforme de 1891, dont la portée a été précisée par la loi du 27 janvier 1892.

Il faut distinguer la revision totale et la revision partielle.

Revision totale. Lorsqu'une pétition signée de 50 000 électeurs, c'est ce qu'on appelle « l'initiative plurale », et ce n'est, en réalité, qu'une provocation d'initiative, — réclame la revision totale, l'Assemblée fédérale doit poser la question au peuple. Si la majorité des votants se prononce pour la revision, les deux Chambres sont renou velées et élaborent un projet de revision totale. Ce projet est soumis au peuple; s'il le rejette, la revision avorte. « Il pourrait arriver, dit Hilty, que le peuple ayant d'ailleurs demandé et voté une revision totale, on ne parvint pas néanmoins à en trouver la formule. » L'hypothèse est de nature à se réaliser moins rarement qu'on ne le supposerait : les citoyens peuvent être mécontents de la constitution pour des raisons différentes et parfois opposées; de plus, comme le rappelle M. Deploige, « grâce à la division arbitraire des circonscriptions électorales, il arrive très souvent que l'opinion de la majorité des élus ne réflète pas l'opinion de la majorité des électeurs. » Aussi peut-il se trouver que les électeurs se prononcent presque unanimement pour la revision, et que la réforme qui réunit la majorité dans les Chambres ne réussisse pas à les satisfaire.

Revision partielle. La demande de revision partielle peut se présenter sous deux formes : sous forme de vœu général et sous forme de projet rédigé.

Vœu général. Elle peut se présenter « sous forme de vœu général » réclamant « l'adoption, l'abrogation, ou la modification d'articles déterminés de la constitution fédérale ».

Si ce vœu réunit les signatures de 50 000 électeurs, les Conseils doivent en délibérer dans le délai d'un an; s'ils y adhèrent, ils élaborent un projet qui est soumis au peuple, comme s'il avait pris naissance dans le sein des Assemblées, et qui doit réunir, pour devenir partie intégrante de la constitution, la double majorité des citoyens et des cantons.

S'ils le repoussent, ou s'ils ne peuvent arriver à élaborer un projet dans le délai d'un an, ou bien enfin, s'ils laissent passer le délai d'un an sans en délibérer, la question de la revision partielle est soumise à la votation populaire par le Conseil fédéral.

Si le peuple se prononce pour la revision, « l'Assemblée fédérale procède, sans retard, à la revision dans le sens de la décision populaire ». Le projet qu'il élabore est alors soumis au peuple; mais il ne devient partie intégrante de la constitution que s'il réunit la double majorité des citoyens et des cantons.

La demande de revision partielle peut aussi se présenter sous la forme d'un projet rédigé d'un texte nouveau complètement libellé. C'est ce qu'on appelle aussi « l'initiative formulée ».

Projet rédigé

Si ce projet réunit les signatures de 50 000 électeurs, les Conseils doivent en délibérer dans le délai d'un an.

S'ils acceptent le projet ou « s'ils n'arrivent pas à prendre une décision concordante », c'est-à-dire s'il y a divergence entre les deux Conseils, le projet est soumis au peuple, et il ne devient partie intégrante de la constitution que s'il réunit la double majorité des citoyens et des cantons.

Si les Conseils repoussent le projet, ils peuvent, soit présenter une proposition de rejet, soit présenter un contre-projet.

S'ils se bornent à proposer le rejet, le peuple est appelé à se prononcer par oui ou par non sur les articles rédigés.

Voici, comme exemple, le texte complet de l'arrêté fédéral du 28 juin 1894 qui soumettait à la votation populaire la proposition d'attribution d'une partie des douanes ou péages aux cantons, si fameuse sous le sobriquet de *Beutezug*.

« L'Assemblée fédérale de la Confédération Suisse,

« Vu la demande d'initiative, revêtue de 67,828 signatures déposée à la Chancellerie fédérale le 8 avril 1894 et ayant pour objet d'introduire dans la constitution fédérale un article 30 *bis* ainsi conçu :

« La Confédération doit payer aux cantons, chaque « année, sur le produit des péages, deux francs par « tête d'habitant, en prenant pour base le chiffre de « la population de résidence ordinaire établi par le « dernier recensement fédéral. Cette disposition « constitutionnelle entre pour la première fois en « vigueur pour 1895. »

« Vu les rapports du Conseil fédéral du 18 mai et 15 juin 1894 ;

« Vu les articles 8 et 10 de la loi du 27 janvier 1892 concernant le mode de procéder pour les demandes d'initiative populaire et les votations relatives à la revision de la constitution fédérale.

« Arrête :

« 1° La demande d'initiative tendant à faire répartir entre les cantons une partie des recettes des douanes sera soumise à la votation du peuple suisse et des cantons.

« 2° L'Assemblée fédérale en propose le rejet.

« Le Conseil fédéral est chargé de prendre les mesures nécessaires en vue de la votation. »

Si les Conseils présentent un contre-projet, les deux questions suivantes sont soumises au peuple :

« Voulez-vous accepter le projet de revision issu de l'initiative populaire? »

« Voulez-vous accepter le projet élaboré par l'Assemblée fédérale? »

« Les bulletins qui ne répondent par un oui ou par un non qu'à l'une ou à l'autre des questions posées ou qui répondent non aux deux questions, sont valables. Sont nuls ceux qui répondent affirmativement aux deux questions. »

L'article 15 de la loi du 27 janvier 1892 prévoit le cas où « plusieurs demandes d'initiative populaire concernant la même question constitutionnelle » auraient été déposées à la Chancellerie fédérale. Il décide que l'Assemblée fédérale devra d'abord traiter et soumettre à la votation populaire celle qui aura été déposée en premier lieu. Les autres demandes « seront successivement liquidées dans l'ordre où elles auront été déposées. »

Le Conseil fédéral et le Conseil des États avaient proposé d'appliquer le même système au contre-projet élaboré par l'Assemblée fédérale, et d'en faire l'objet d'une votation distincte. Rien n'était plus logique; car il peut arriver avec la double votation que ni le projet ni le contre-projet ne réunisse la majorité, alors que, l'un étant rejeté, ceux qui l'avaient soutenu auraient pu se reporter sur l'autre et en assurer le succès. Mais, par un amour de la simplicité qu'Hilty trouve, non sans raison, excessif, le Conseil national repoussa la double votation et finit par faire prévaloir le texte qu'il avait adopté.

Il peut arriver enfin que les Chambres, ou bien ne parviennent pas, dans le délai d'un an, à élaborer un contre-projet, ou même négligent de délibérer sur le projet. Le Conseil fédéral doit alors présenter le projet au peuple, et, s'il réunit la double majorité des citoyens et des cantons, il devient partie intégrante de la constitution sans avoir passé par la filière des Assemblées.

M. Borgeaud a critiqué le système consacré par la loi du 27 janvier 1892 et emprunté à la constitution zurichoise. Il lui a reproché de confondre l'initiative plurale ou provocation à la revision, et ce qu'il appelle l'initiative plébiscitaire ou proposition de réforme. « En admettant le projet rédigé, dit-il, on transporte d'un sujet à un autre l'exercice du droit qu'on veut régler. La « motion » l'attribue au peuple. Le « projet » l'attribue à celui ou à ceux qui rédigent ou appuient la proposition. » Si cette objection peut être discutable, il est certain du moins que le vote sur la question « Y a-t-il lieu à revision? » qui est en quelque sorte l'épreuve d'admissibilité des initiatives populaires se trouve en matière de demande de revision partielle par projet rédigé complètement supprimé. On risque ainsi de voir passer dans la loi fondamentale des dispositions insuffisamment étudiées ou imparfaitement libellées. L'inconvénient est d'autant plus sérieux que « cette forme de proposition d'un projet formulé, qui, seul, garantit contre des lenteurs d'exécution volontaires ou involontaires, » est naturellement, comme le fait observer Hilty, le mode favori des initiatives populaires.

Les Pouvoirs publics ont si bien senti le danger, qu'ils ont tenté de le pallier. En 1894, à propos de l'initiative relative au droit du travail, les Chambres fédérales ont décidé que toutes les fois qu'une demande d'initiative populaire revêtue du nombre voulu de signatures parviendrait au Conseil fédéral, il devrait faire un rapport et des propositions au point de vue tant de la forme que du fond. Ce rapport et ces propositions peuvent, soit accompagner la demande d'initiative quand le Conseil la dépose sur le bureau des Chambres, soit faire l'objet d'un message spécial.

Tel est le mode, ou plutôt l'ensemble des modes de revision constitutionnelle, en vigueur dans la Confédération suisse. On ne peut disconvenir que ces procédés ne soient, comme l'a dit Hilty, singulièrement compliqués.

Le mode normal et simple, la réforme par les Assemblées saisies, soit par le Gouvernement ou un de leurs membres, soit par un vote populaire, cède, semble-t-il, de plus en plus, la place à la réforme non seulement provoquée, mais immédiatement réalisée par le peuple.

Depuis 1891 les réformes constitutionnelles se sont multipliées. Réformes cons
tutionnelles
depuis 1891.

Trois mois à peine après le remaniement du chapitre III de la constitution, l'Assemblée fédérale adoptait une modification à l'article 39 : elle se rangeait au système du monopole des billets de banque, préconisé onze ans auparavant par le conseiller fédéral Joos, et qui avait, par l'initiative qu'elle avait mise en mouvement, abouti au rejet de la revision totale. Cette modification fut sanctionnée à une forte majorité.

Cependant le peuple n'avait pas été plus tôt armé de cet instrument de perfectionnement que l'on appelle l'initiative populaire que les novateurs cherchèrent à en faire usage pour introduire des réformes de tout ordre et de toute nature.

On proposa l'élection du Conseil fédéral par le peuple, la représentation proportionnelle dans le Conseil national, mais aucune de ces propositions n'aboutit. Le premier exercice du nouveau droit civique eut un objet infime. Les cantons d'Argovie et de Berne avaient interdit, sous prétexte de cruauté, le mode rituel d'abattre le bétail en usage chez les Israélites. En décembre 1891, l'Assemblée fédérale s'était prononcée, au nom des franchises religieuses, pour la liberté de l'abatage. C'est à la proscription de l'abatage *more judaico* que s'appliqua la première initiative constitutionnelle. Le 20 août 1893, un article 25 *bis* ainsi conçu : « Il est expressément interdit de saigner les animaux de boucherie sans les avoir étourdis préalablement ; cette disposition s'applique à tout mode d'abatage et à toute espèce de bétail » fut soumis au vote populaire. 191,527 voix et onze cantons et demi se prononcèrent pour la proposition, 127,191 et dix cantons et demi contre : le nouveau texte prit place dans la loi fondamentale. La modicité de l'objet répondait peu à l'ampleur du mécanisme et l'on ne peut s'empêcher de se rappeler la montagne accou-

chant d'une souris ou le Sénat délibérant sur la sauce
d'un turbot quand on voit le peuple se réunir en ses
comices pour réglementer les abattoirs.

De 1894 à 1905 il y a eu quinze votations populaires ayant un objet constitutionnel. Neuf ont été provo-
quées par des propositions de l'Assemblée fédérale,
six par des initiatives populaires : toutes les initiatives ont été repoussées et six seulement des propositions des Conseils ont trouvé grâce devant le peuple.

Des mesures présentées par l'Assemblée fédérale,
le peuple a repoussé, en 1895, le monopole des allumettes et l'organisation de l'armée, et, en 1905, le
droit pour la Confédération de régler la vente au
détail des spiritueux. Il a accepté, par deux votes du
21 juillet 1897, l'attribution à la Confédération, d'un
côté de la surveillance des forêts et des endigue-
ments, de l'autre de la police sanitaire des denrées
alimentaires, et des ustensiles de ménage ; par deux
votes du 13 novembre 1898, l'unification des droits
civil et pénal ; par un vote du 28 novembre 1902, la
subvention fédérale à l'école primaire publique ;
enfin, par un vote du 10 janvier 1905, le droit pour la
Confédération de légiférer sur la protection des brevets chimiques.

Les initiatives avaient des objets de deux ordres
très distincts : les trois premières étaient surtout
sociales et fédérales ; c'était la faculté pour la Confédération d'édicter pour les métiers des prescriptions
uniformes ; c'était le droit au travail qui n'avait réuni
le nombre de signatures exigé que grâce à l'appoint de
« bourgeois complaisants », dit Droz, curieux de voir

un scrutin sur la question, et qui ne recueillit qu'un nombre très restreint de suffrages ; c'était enfin ce qu'on a appelé le *Beutezug*.

Le *Beutezug* (pillage, course au butin) « ainsi appelé, dit Droz, en souvenir des expéditions des bandes armées qui dans les siècles passés traversaient les Alpes pour aller ravager l'Italie », était, en dépit du sobriquet belliqueux qu'on lui avait donné, une simple mesure financière, l'attribution aux cantons d'une partie du produit des douanes.

En réalité la question se posait entre le parti unitaire et le parti cantonal. C'est ce qui explique que Droz considérât le jour du scrutin comme « une des dates les plus solennelles de l'histoire suisse contemporaine. » La proposition essentiellement cantonaliste avait pour promoteur le chef du parti conservateur populaire bernois, rédacteur en chef de la *Volks Zeitung* d'Herzogenbuchsee, Ulrich Dürrenmatt. Elle fut soutenue par tous les partis fédéralistes, c'est-à-dire hostiles à la centralisation, partisans de franchises cantonales, démagogues, conservateurs protestants et droite catholique : mais de notables conservateurs catholiques, tels que le Landamman Keel et Gebhard Leetz Muller, la combattirent énergiquement. Elle fut repoussée à une très forte majorité.

Les trois autres initiatives avaient un objet tout différent. Il ne s'agissait pas en effet d'attribuer certains droits à la Confédération, aux cantons ou aux citoyens ; il s'agissait de remanier l'organisation des pouvoirs fédéraux, d'introduire, soit la représentation proportionnelle dans l'élection au Conseil national, soit le suffrage universel dans l'élection du Conseil fédéral, ou enfin de substituer à la proportionnalité au chiffre de la population entière la proportionnalité au chiffre de la population suisse dans la répartition des sièges au Conseil national.

Une autre réforme est actuellement en voie de réalisation, c'est la revision de ce qu'on appelle « les articles militaires », c'est-à-dire les dispositions de la constitution qui posent les règles fondamentales de l'assujettissement au service et de l'organisation de l'armée. Une revision en avait déjà été proposée ; mais, comme nous l'avons vu, elle avait échoué à la votation populaire du 5 novembre 1895.

Le département Militaire a remis en 1904 la réorganisation générale de l'armée à « l'ordre du jour de la nation et non pas des Chambres, » dit M. Charles Malo. « La grande affaire, en effet, ajoute-t-il, est moins de rallier les Assemblées fédérales à la réforme projetée que de faire accepter celle-ci par le peuple suisse en lui en démontrant la nécessité et les avantages ; car c'est à lui que revient, comme on sait, le dernier mot, et, faute de l'avoir dûment éclairé, faute plutôt d'avoir tenu un compte suffisant de ses intérêts, ou, en tout cas, de ses préférences, on a déjà vu rejeter par lui des projets de réorganisation militaire pourtant fort étudiés, notamment celui de 1895. » Aussi le Gouvernement a-t-il fait imprimer l'avant-projet en allemand et en français à un nombre considérable d'exemplaires et l'a-t-il fait distribuer gratuitement, « sinon à tout le monde, du moins à tous ceux que la matière intéressait et qui voulaient le bien connaître. »

Tels sont les résultats du système de révision constitutionnelle admis par la Confédération suisse.

Il est à remarquer que l'initiative populaire qu'il comporte, le droit pour un citoyen de formuler un amendement à la loi fondamentale, puis, s'il réunit un nombre suffisant de signatures en faveur de sa proposition, de la soumettre aux suffrages des citoyens et des cantons, enfin, s'il lui rallie la double majorité des électeurs et des votants, d'en faire une disposition de la constitution fédérale, ce droit n'existe pas en matière législative. Avant que « l'initiative formulée » n'existât en matière constitutionnelle, M. Zemp, en 1884, avait proposé, mais en vain, d'introduire l'initiative en matière législative. Le Grand Conseil de Soleure, faisant usage de l'initiative que la constitution fédérale accorde aux cantons, a demandé, le 9 juillet 1904, l'introduction, dans la constitution fédérale, du « principe de l'initiative populaire en matière de législation » et le Conseil fédéral, dans son rapport de gestion pour l'année 1904, annonce qu'il a mis la question à l'étude.

En réalité, depuis 1891, l'absence de l'initiative en fait de loi est sans importance; car, comme, en fait de constitution, elle est sans limites, tout citoyen peut proposer de grossir la constitution de dispositions d'ordre plutôt législatif ou même réglementaire. Il suffit, pour que le projet doive être soumis au peuple, qu'il se présente comme disposition constitutionnelle. Dès que la proposition a été coulée dans ce moule, le peuple acquiert les vastes pouvoirs du Parlement britannique qui peut tout, sauf faire d'un homme une femme. « A cette seule condition, — de revêtir la motion du caractère d'un amendement constitutionnel, — dit M. Georges Renard, le peuple peut s'ériger en autorité non seulement constituante et législative, mais administrative et judiciaire. Il peut modifier son Code civil et son Code pénal. Il devient le maître de ses représentants : il les tient à sa merci ; il est libre à n'importe quel moment de les renvoyer chez eux, de faire ses lois contre eux et sans eux ; il pourrait à la rigueur déclarer les Chambres inutiles : il a une arme qui lui permet, s'il le veut, d'opérer pacifiquement et légalement une révolution politique et même sociale. » « Il peut, dit Henri Mayor, naturaliser des étrangers, amnistier des condamnés, contracter des emprunts, convertir la dette, accorder des subventions, conclure des traités, les dénoncer, déclarer la guerre, faire la paix, instituer un tarif douanier, supprimer les impôts, prononcer un jugement, casser une sentence. »

Un pareil pouvoir remis aux masses populaires n'a pas laissé de soulever quelques appréhensions.

Lorsque, en 1884, M. Zemp proposa l'initiative législative, M. Carteret n'hésita pas à traiter l'initiative de « dynamite législative » et « les droits du peuple », de « ferblanterie démocratique. »

M. Borgeaud, précisant la pensée, un peu vague sous sa forme pittoresque, du fougueux Genevois, reproche à l'initiative d'accroître la puissance déjà trop grande des agitateurs sans mandat et des journaux, préconisant des mesures qu'ils n'auront pas à appliquer et dont ils n'auront pas à répondre, de constituer en un mot un bouillon de culture trop favorable aux germes démagogiques.

Ces plébiscites encourent les reproches qu'on adressait aux sénatus-consultes du Second Empire : avec eux, la revision fonctionne à jet continu.

« L'initiative, dit Hilty, l'initiative est une épée à double tranchant et il serait difficile de prévoir qui en sentira le premier les atteintes. Selon nous, le moment arrivera assez vite, — bien qu'aucun programme politique n'en parle maintenant — où l'on sera fatigué de ces revisions partielles qui seront quasi perpétuelles, et où l'on tâchera de trouver, dans quelque combinaison de revision totale, le repos, qui est un besoin essentiel des peuples comme des individus.

« Ce qui est non moins clair, c'est que nous touchons en Suisse avec cette loi sur l'initiative aux véritables bornes de la démocratie naturelle et utile pour le bien public d'une République. »

« Tant que notre Confédération, dit-il encore, posséda le système représentatif pur avec deux Chambres (1848-1874) elle fut dans son genre un État tout moderne constitué sur des bases théoriques. Ce n'est que depuis l'extension du droit de vote du peuple dans les cantons et la Confédération qu'elle retourne à ses origines historiques, et, si l'on poussait ce système jusqu'à son développement extrême par l'institution du referendum obligatoire (qui n'existe pas encore pour la Confédération elle-même), on aboutirait probablement par là au rétablissement de l'antique Diète. »

M. Droz, tout en augurant un avenir différent n'est pas plus rassuré que M. Hilty.

ll entrevoit le moment où la représentation proportionnelle au Conseil national, l'élection du Conseil
fédéral par le peuple, prendront place dans la constitution grossie et surchargée, grâce à l'initiative, de
dispositions législatives et réglementaires. Il aper-
çoit les organes simplifiés de la démocratie future :
« une Commission parlementaire ou Chambre unique
pour proposer les lois, — et encore pas toutes, car
chaque groupe parlementaire doit avoir aussi ce droit,
— le peuple pour les voter, un pouvoir exécutif élu
pour les appliquer ». « Après quoi, dit-il, la démocratie n'aura certainement pas épuisé la liste de ses
revendications. Peut-on prévoir que, lasse d'exercer
tant de compétences, elle s'en dépouillera elle-même
par esprit de sagesse, ou s'en laissera dépouiller par
une dictature née de l'excès du gouvernement des masses ? Comme tout change ici-bas, c'est une contin-
gence parfaitement admissible. Seulement rien ne
permet de calculer la durée de cette évolution, ni d'en
prévoir l'issue. Si donc on doit reconnaître comme un
fait constant que la démocratie est en voie de progrès gigantesques et rapides, il faut constater qu'elle
est encore bien hésitante, bien incohérente du moins,
dans l'usage qu'elle fait de son pouvoir. »

La crainte de la dictature n'est pas sans préoccuper les amis de la démocratie.

Sclopis, l'historien de la législation italienne, a
remarqué que les foules ne peuvent agir qu'en s'in-
carnant, pour ainsi dire, dans un être qui symbolise,
résume, personnifie leurs aspirations. « Au premier
coup d'œil, dit-il, il n'y a rien de si fort et de si puissant

que tout le monde ; au fond, il n'y a rien de si faible. Cette masse ne sait ni penser ni agir. Elle ne le fait que si un grand homme lui prête son âme et son génie. »

Or M. Naville n'a pas craint d'écrire : « Les germes du césarisme existent en Suisse comme ailleurs, et, dans certaines circonstances, ils se sont développés d'une manière assez apparente. Si quelqu'un parlait de l'époque où M. Druey régnait dans le canton de Vaud et où M. James Fazy régnait à Genève, il emploierait, pour désigner le pouvoir dont jouissaient ces deux hommes, une expression qui ne s'éloignerait pas beaucoup de l'exactitude. »

En revanche l'initiative a soulevé l'enthousiasme des écrivains démocrates. Ils font observer que, si, selon Summer Maine, « la démocratie n'est qu'une forme spéciale de Gouvernement », en législation pure, comme le reconnait M. Signorel, le Gouvernement direct par le peuple est l'idéal, que, ainsi qu'on l'a dit, la démocratie, comme la lance d'Achille, guérit les maux qu'elle fait, que, suivant le mot de Tocqueville, « l'extrême démocratie prévient les dangers de la démocratie », que la distinction de la constitution et de la loi, ignorée d'ailleurs dans le Gouvernement britannique, ce modèle du régime parlementaire, est purement scolastique. « La Suisse, dit M. Georges Renard, a fait un pas immense vers cette législation directe qui, pendant notre seconde République, fut préconisée par un allemand d'origine française, Rittinghausen, et par le disciple de Fourier, Victor Considérant. L'utopie d'alors a pris corps en moins d'un demi-siècle. »

L'initiative constitutionnelle n'est pas inconnue hors de Suisse. Aux États-Unis, si elle est étrangère à la Confédération où les amendements à l'acte du 17 septembre 1787 sont ratifiés non par le peuple, mais par les Législatures et les Conventions, on la rencontre dès l'origine dans certains États, introduite d'ailleurs plutôt comme une condition pour restreindre que comme un moyen de provoquer la revision. La constitution de la Géorgie, adoptée en 1777, portait en effet : « Aucun changement ne sera apporté à cette constitution s'il n'y a pétition de la majorité des comtés, et si les pétitions de chaque comté ne sont pas signées par la majorité des électeurs de chaque comté de cet État ; l'Assemblée ordonnera alors qu'une Convention soit convoquée pour cet objet en spécifiant les changements à apporter conformément aux pétitions adressées, comme il est indiqué ci-dessus, par la majorité des comtés. » Un jurisconsulte, Merrill, proposa, en 1857, à la Convention pensylvanienne, qu'une revision ne fût possible, que si un vingtième des votants de la dernière élection du Gouverneur, soit 10,000 citoyens environ, ne l'avaient réclamée.

Si ce sont les Législatures qui opèrent les revisions particlles, ce sont des Conventions, Assemblées constituantes spéciales, qui procèdent aux revisions totales. Si elle estime qu'il y a lieu à une réforme générale, la Législature pose aux électeurs la question : « Y a-t-il lieu de réunir une Convention ? » La constitution de New-York de 1846 oblige même à poser tous les vingt ans cette question au peuple.

Cette constitution soumet, comme la constitution suisse, toutes les modifications constitutionnelles générales ou spéciales opérées par Convention ou Législature à la sanction du peuple. Elle a, dit M. Borgeaud, « donné la formule définitive de la théorie américaine ». Aujourd'hui, dans tous les États, sauf le Delaware, les changements constitutionnels sont soumis au vote populaire ; si les ordonnances de Sécession des États séparatistes ne furent pas en général soumises au peuple, tous les bills de reconstruction des États Sudistes leur imposèrent la ratification populaire des constitutions.

Enfin, les États de l'Union semblent, comme la Suisse, disposés à grossir leurs constitutions de règles législatives, pour mettre certains principes à l'abri des caprices des représentants. Aussi quelques constitutions, comme le remarque Oberholtzer, ont-elles triplé, et même quintuplé d'étendue. Celle de Pensylvanie qui avait 8 pages en 1776 en a 25 en 1873, celle de Virginie qui en avait 4 en 1773 en a 21 en 1870. De la sorte, comme le faisait observer un publiciste américain, Moffet, il n'y a plus de constitution, mais deux classes de lois : les importantes édictées par le peuple, les secondaires édictées par la Législature ; et la confusion de la constitution et de la loi est d'autant plus facile que certaines lois, nous l'avons vu, sont soumises à un referendum obligatoire.

La nouvelle Fédération australienne a adopté, pour la sanction de la constitution et des modifications qui y seront apportées, le système suisse. L'acte fondamental et les amendements doivent être approuvés par la majorité des électeurs de la Fédération et la majorité des électeurs dans la majorité des États.

M. Jaurès a rêvé d'appliquer à la France les institutions de la Suisse.

« Par le droit d'initiative, écrit-il, et par le referendum, le suffrage universel devra être appelé à se prononcer sur les questions les plus graves. Il y aura contrepoids aux volontés arbitraires des délégués sans que la souveraineté nationale soit atteinte ; et l'éducation politique du peuple, appelé à résoudre les grands problèmes, progressera vite. »

La question, on le voit, se pose dans les deux mondes. Au fond, la lutte est entre les partisans de la démocratie, sinon absolument directe, du moins, comme l'appelle M. Esmein, « semi représentative », et les partisans de la démocratie représentative. L'avenir seul peut montrer si l'intervention, même limitée, du peuple ne finira pas par briser « cette magnifique pièce d'horlogerie » que, suivant la pittoresque expression d'un diplomate anglais, constitue l'organisation politique de la Confédération helvétique ou bien si, comme le prophétisait Victor Hugo,

La Suisse dans l'histoire aura le dernier mot.

31 Octobre 1900.

INDEX ALPHABÉTIQUE

TABLE DES MATIÈRES

56541. — Imprimerie Lahure, 9, rue de Fleurus, Paris.